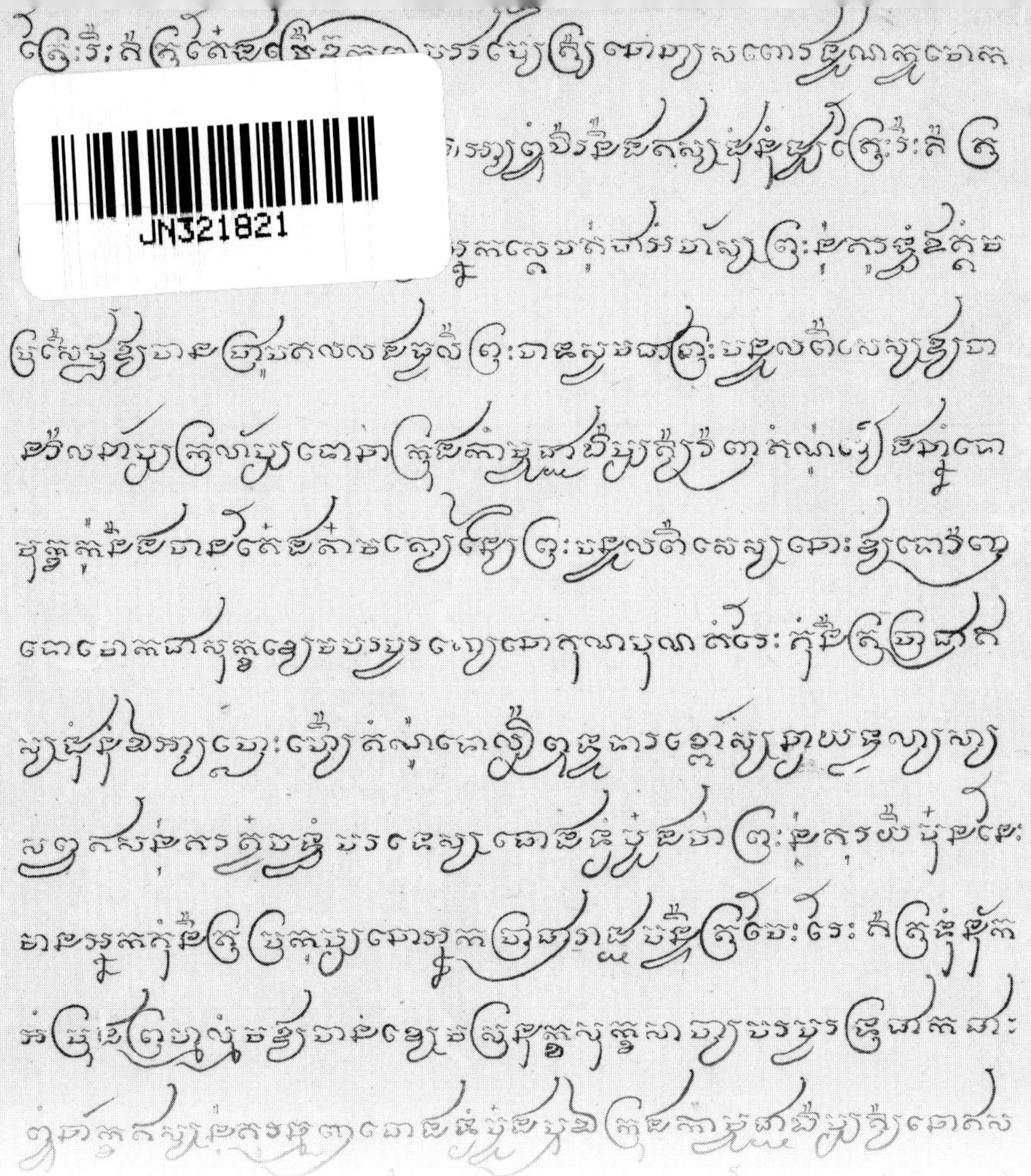

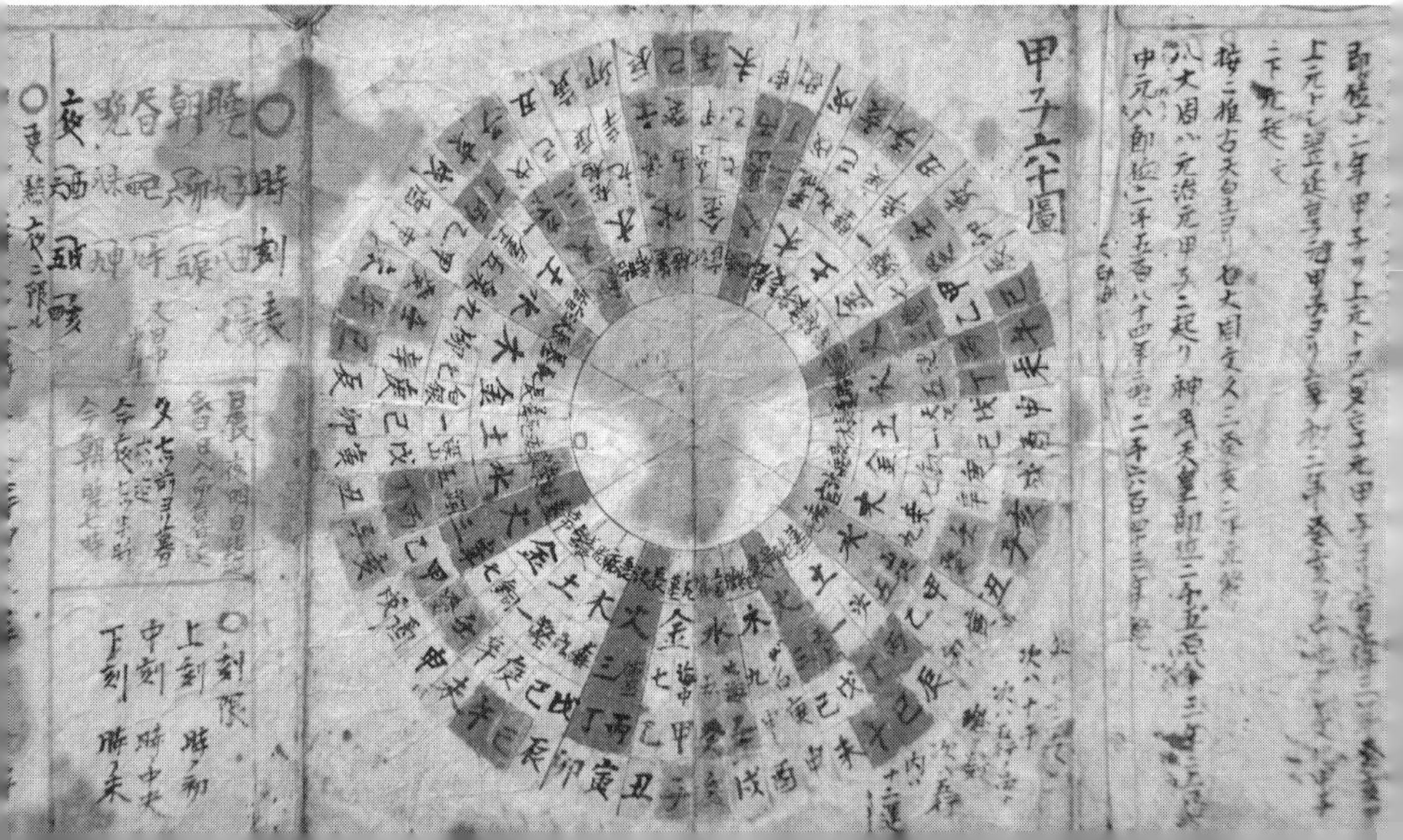
甲子六十圖
上刻
中刻
下刻

監修者——加藤友康／五味文彦／鈴木淳／高埜利彦

［カバー表写真］
レザノフの長崎来航
（『露国使節レザノフ来航絵巻』部分）

［カバー裏写真］
近藤重蔵石像
（東京都北区滝野川正受院）

［扉写真］
近藤重蔵旧蔵「東埔塞国鄭天賜書状写」（上）と
近藤富蔵自筆「九曜暦」

日本史リブレット人058

近藤重蔵と近藤富蔵

寛政改革の光と影

Tanimoto Akihisa
谷本晃久

目次

尾端観音堂

①―流人の島から

八丈島の堂守

はなしを八丈島《はちじょうじま》にある一つのお堂から始めたい。

伊豆《いず》七島に含まれる八丈島は東京から南に約二九〇キロ、黒潮を越えた先にあり、通航が困難であるという地理的環境から、近世には罪人の配流《はいる》先として独特な地域社会を形成していた。この島には、五つの集落（旧村）がある。その一つ旧三根《みつね》村の中心部、字でいうと尾端《おばた》から、南側の山（三原山《みはらやま》）へはいってしばらくのぼると、赤い格子《こうし》のお堂がみえてくる。この辺りは、「尾端夜雨《やう》」として八丈八景の一つに数えられる、閑雅《かんが》な風情《ふぜい》の場所である。

このお堂は、尾端観音《かんのん》といい、昭和五十年代に再建されたコンクリート造りであるが、それ以前は、有無庵不名《うむあんふみょう》と号した一人の流人《るにん》が建築した木造の建物だったという。その遺構の木片は、堂内に大切に保存されている。堂内には、その流人の作になる扁額《へんがく》や仏像・木碑が安置されている。地域の方々の日常的な信心のなかに、この流人の残したさまざまが、自然に息づいている印象である。

この流人の晩年の居宅は、この山の麓《ふもと》、尾端の在にあった。今はロベと呼ばれる園芸用椰子《やし》の畑となっている居宅跡には、没後八二年を数えた一九六九(昭和四十四)年に、島内外の有志の手により建てられた記念碑がある。この流人の生涯は、地域社会に根差すとともに、その枠を超え顕彰されるような仕事を残したものであったことが、このことをもってしても、よく知られるのである。

流人の自意識

この流人の名は、近藤富蔵(一八〇五〜八七)。本書の主人公の一人であり、今一人の主人公である近藤重蔵(一七七一〜一八二九)の実子である。一八二六(文政《ぶんせい》九)年五月に江戸《えど》西郊目黒槍ヶ崎《めぐろやりがさき》で起こった殺人事件の実行犯として、富蔵は八丈島に流された。父の近藤重蔵はその事件に連座し、改易《かいえき》のうえ近江国《おうみのくに》大溝藩主分部《おおみぞはんしゅわけべ》家の御預《おあず》けとされ、大溝へ移された。重蔵は寛政《かんせい》期(一七八九〜一八〇一)には北方探検で業績をなした一方、文化《ぶんか》期(一八〇四〜一八一八)には幕府の

近藤富蔵居宅跡地の碑

▼**『近藤正斎全集』**　一九〇五〜〇六(明治三十八〜三十九)年に国書刊行会から版行された重蔵の著作集。全三巻。第一巻には重蔵伝記の基礎文献である村尾元長編「近藤守重事蹟考」ならびに近江新報社編「幽囚後之近藤重蔵」を収録。

▼『八丈実記』　富蔵の編んだ八丈島を中心に伊豆七島・小笠原《おがさわら》諸島に関する総合的な地誌・民俗誌。写本に東京都公文書館《こうぶんしょかん》本三六冊（都文化財）、長戸呂《ながとろ》家本二七冊（都公文書館寄託）など。緑地社版で活字化。うち「聞斎見聞家系私話《ぶんさいけんぶんかけいしわ》」（緑地社版第四巻所収）は、近藤家系譜・重蔵伝記・槍ヶ崎事件記録・富蔵伝記に関する資料集となっている。

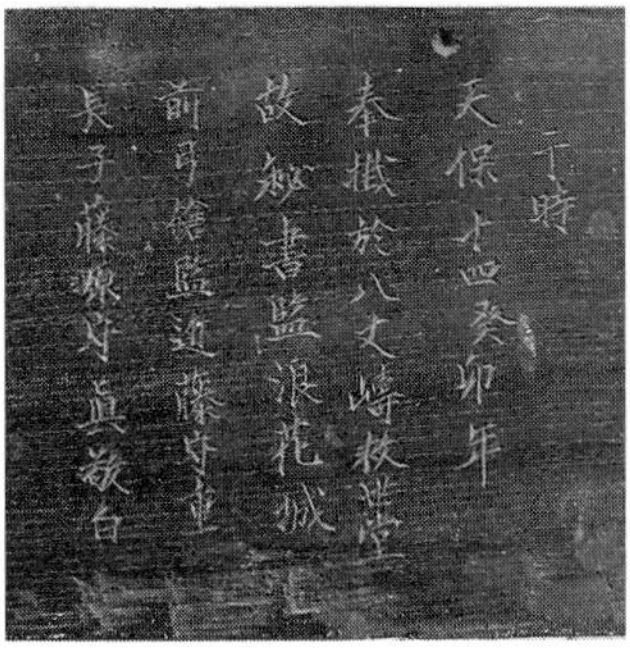

近藤富蔵篆刻扁額背面（尾端観音堂）

御書物奉行《ごしょもつぶぎょう》をつとめ、擁書城《ようしょじょう》と称する文庫をもつ蔵書家として知られた。公私にわたり万巻の書を読破・写本し、『近藤正斎《せいさい》全集』▲収録の諸書で知られるような精力的な著述を残した。精力的な著述という点では、富蔵も同じである。一八二七（文政十）年に八丈島へ配流となって以来、『八丈実記《じっき》』▲と題する六九巻におよぶ地誌をほぼ独力で編纂し、明治におよんでいる。

富蔵は維新《いしん》後にまでおよぶ長い期間を八丈島ですごしたが、その間の一八四三（天保《てんぽう》十四）年にみずからが篆刻《てんこく》した扁額《へんがく》に、こうきざんでいる。

故秘書監浪花城《ひしょかんなにわじょう》　前弓槍監《さきのきゅうそうかん》近藤守重《もりしげ》長子藤原守真《ふじわらのもりざね》敬白

「秘書監」とは御書物奉行を、「浪花城弓槍監」とは大坂御弓奉行《おおさかおゆみぶぎょう》をさす。それぞれ中国風の言い方で、いずれも重蔵が歴任した幕府《ばくふ》の役職名である。守重は重蔵の、守真は富蔵の、それぞれ諱《いみな》（実名）である。藤原は、近藤家の称する氏《うじ》である。この文章からは、富蔵が幕府の役人であった重蔵の「長子」であることを忌避《きひ》せず、むしろ誇らしげに示している印象がうかがえる。

この扁額は、尾端観音堂に奉納する目的で制作され、現在もそこに掲げられている。地域の信心の一端を担った富蔵の心中には、重蔵の「長子」としての自意識が継続して息づいていた。富蔵はここ八丈島の地ですごした五〇年を超える長い長い余生を、父である重蔵の生涯によりそい思いをいたし、ともに生きたといってもよいだろう。

これは、単なる親子としての心情から発するものにとどまるものではない。その背景に、重蔵の代にその功績により御家人《ごけにん》から旗本《はたもと》に昇進▲した家の惣領《そうりょう》としての意識を読みとる必要がある。また、御家人から旗本への昇進が同時代の武家《ぶけ》社会にあって意味する構造的な側面をも考える必要がある。そのうえで、重蔵・富蔵に共通する膨大な著作の意味や、両者を破綻に追い込んだ殺人事件の意味をとらえる必要もありそうだ。

よって重蔵・富蔵の二人を主人公とする本書ではまず、富蔵がその後半生をすごした八丈島の尾端観音から時空を移し、両者が改易となる以前、江戸の幕《ばく》臣《しん》としての近藤家について、重蔵の父の代の状況からみていくこととしたい。そのうえで、徳川将軍《とくがわしょうぐん》家家臣《かしん》団を構成する比較的低位の武家にとって、勤役《きんやく》や昇進がもった意味を、そのよって立つ心性のあり方を含め、重蔵▲・富蔵▲父子を例に考えてみたいと思う。

▼御家人・旗本　いずれも徳川将軍家の万石未満の直参《じきさん》家臣。将軍御目見《おめみえ》がかなう身分が旗本、かなわない身分が御家人。

▼重蔵の別称　諱守重。幼名吉《きち》蔵《ぞう》。号正斎、擁書城、昇天道人《しょうてんどうじん》など。

▼富蔵の別称　諱守真。幼名三《み》保《ほ》蔵《ぞう》。号聞斎《ぶんさい》、構《こう》（講）武軒《ぶけん》、松蔭《しょういん》舎《しゃ》平《ひょう》和《わ》、有無庵不名など。

②——江戸の御家人

御先手鉄炮組与力の家

場面は、八丈島《はちじょうじま》から黒潮を越えた江戸《えど》へ移る。江戸北郊、武蔵国《むさしのくに》豊島《としま》郡駒《こま》込《ごめ》村鶏聲《けいせい》ヶ《が》窪《くぼ》の御家人《ごけにん》屋敷街。近藤重蔵・富蔵父子は、その一画に生まれている。

重蔵は諱《いみな》を守重《もりしげ》といい、富蔵は守真《もりざね》という。近藤家は武家《ぶけ》である。それも徳《とく》川将軍《がわしょうぐん》家の直参《じきさん》である。富蔵は、重蔵の惣領《そうりょう》息子でもあった。富蔵の著わした系譜によれば、二代将軍秀忠《ひでただ》に仕えて以来、御先手鉄炮組与力《おさきててっぽうぐみよりき》を世職として重蔵まで七代を重ねてきている。遠祖は藤原秀郷《ふじわらのひでさと》▲に由緒を求め、したがって姓は藤原を称した。家紋は鹿の抱角《だきつの》。菩提寺は東本願寺《ひがしほんがんじ》に連なる江戸駒込西善《さいぜん》寺《じ》。すなわち近藤家は真宗《しんしゅう》門徒の家であり、これは富蔵の前半生に少なからぬ影響をおよぼした。

重蔵が世襲した御先手鉄炮組与力とは、御家人、つまりは御目見《おめみえ》以下の身分の者がつとめる役職である。直参で、勤役《きんやく》中必要があれば熨斗目《のしめ》・白帷子《しろかたびら》・継《つぎ》

▼**藤原秀郷**　生没年不詳。平安中期の坂東武者《ばんどうむしゃ》。平将門《たいらのまさかど》の乱《らん》平定に功があり、下野守《しもつけのかみ》に任ぜられた。東国《とうごく》に勢力を張り、その子孫を称する武士団《ぶしだん》は多く、内藤《ないとう》家・佐野《さの》家をはじめ近世大名《だいみょう》・旗本にも秀郷に由緒を求める例がみられた。

「鹿の抱角」家紋図　近藤姓の旗本諸家は、この紋を用いる例が多い（千鹿野茂『新訂寛政重修諸家譜家紋』続群書類従完成会、一九九二年より作成）。

上下《がみしも》の着用がかなう身分とはいえ、いわば軽輩の小役人である。本来は組頭《くみがしら》の指揮のもと、同心《どうしん》を率いみずからも鉄炮を携え合戦時に先鋒隊を編成する。唐《とう》風《ふう》の表記では、しばしば「前部伍長《ぜんぶごちょう》」や「先鋒騎郎《せんぽうきろう》」などと表記される。要は、前衛鉄砲騎馬隊の足軽《あしがる》大将であった。実戦を前提とした番方《ばんかた》▲の役職であるが、平時には江戸城の諸門の警衛当番にあたり、儀式時には臨時に城内警衛の加番《かばん》を行った。また、将軍出城時には騎馬で供奉《ぐぶ》し、火附《ひつけ》盗賊改方《あらためかた》の手薄なおりには増役《ましやく》▲として動員された。御先手鉄炮組与力の役務は、こうしたものである。

ただ近藤家は、代々その職を継いできた経緯があった。これを「御譜代筋目之《ごふだいすじめの》与力《よりき》」といい、隠居が許され、「番代《ばんがわり》」という形で惣領息子への継職が認められる。重蔵が生まれたのは、そんな家格の家であった。

なお、弓組と鉄炮組からなる御先手組与力には、当初上総《かずさ》国におのおの二〇〇石《こく》の知行地《ちぎょうち》を給されていたが、重蔵の在任時にはすでに現米八〇石の蔵米《くらまい》取《どり》に改められていた。現米八〇石は俵に換算すると二二八俵一斗七升余に相当し、つまりは二二八俵一斗七升余の蔵米取と同義である。御家人としては比較的高禄であり、御目見以上の役職でもそれにおよばない役高の場合が少なくな

▼**番方・役方**　幕府の役職のうち、軍事・警衛を担う武官《ぶかん》を番方、司法・行財政を担う文官《ぶんかん》を役方と俗に称した。元和偃武《げんなえんぶ》以降、番方は格式は高いが虚官とみなされる傾向があった。

▼**火附盗賊改方増役**　重蔵は一七九一(寛政三)年四月に、盗賊沙汰を理由に江戸市中見回りへ動員されている。ちなみにこの時期の火附盗賊改方は、鬼平《おにへい》こと長谷川《はせがわ》平蔵宣以《へいぞうのぶため》。

近藤守知(右)・悦の墓(東京都文京区駒込西善寺)

▼**石見銀山**　現在の島根県大田《おおだ》市大森町《おおもりちょう》に所在。十七世紀には世界有数の産出量を誇った。幕府直轄領で、銀山奉行(のち大森代《だい》官《かん》)が派遣された。世界文化遺産に登録されている。

い。時代考証家の高柳金芳は、御先手組与力の非番の多さと収入の状況を勘考し、彼らのなかに学問・武芸・俳諧《はいかい》・囲碁《いご》・将棋《しょうぎ》などに耽溺《たんでき》する者が多かったことを踏まえ、「御徒《おかち》以下の御家人のように出世しようと心掛けるものも、また現に出世した者もなかった」との印象を記している(『江戸時代御家人の生活』)。重蔵の「出世」志向は、御先手組与力の世界の通例からは、やや逸脱したものだったとみてよさそうである。

　重蔵の父である右膳守知《うぜんもりとも》は、高柳の印象を体現するように、家格の器を守った人であった。守知は、石見銀山《いわみぎんざん》▲附《づき》役人の福間《ふくま》(福庭《ふくば》)家から近藤家へ養子にはいっている。御先手鉄炮組与力近藤円次郎守行《えんじろうもりゆき》の長女・悦《えつ》の婿となり、近藤の家を継いだのである。石見銀山附役人は、幕臣《ばくしん》ではあるが原則として異動のない地役人《じやくにん》である。その家禄は三〇俵三人扶持《ぶち》であったから、守知は禄高のうえでは五倍も上位の家を継いだことになる。よって、家格を守ることがみずからの責務として認識されたものと考えられる。悦は一七六七(明和《めいわ》四)年に、二二歳の若さで没す。男子が二人あったが、どういうわけか惣領とはされていない。

　重蔵の母は後妻の美濃《みの》で、備後《びんご》福山《ふくやま》藩医藤田《ふじた》隆本《りゅうほん》の娘である。重蔵はした

近藤重蔵と近藤富蔵関係略系図

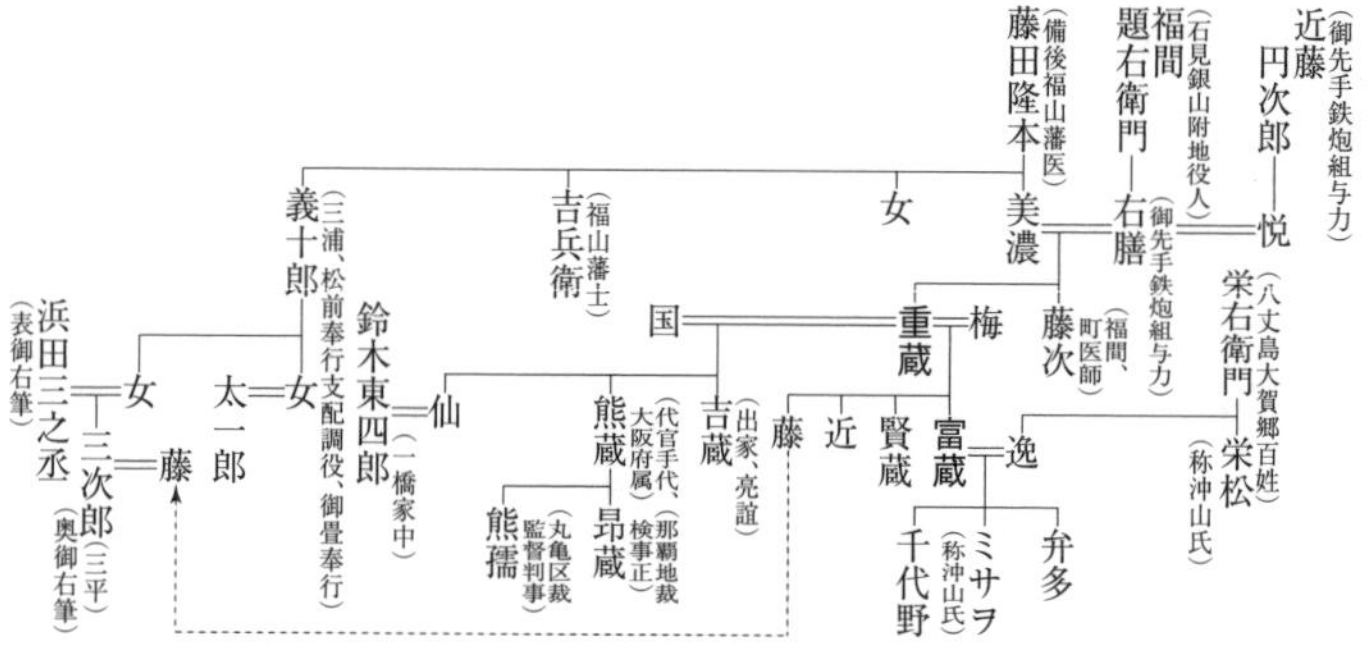

がって、祖父の円次郎からみれば夫婦養子の子ということになる。美濃の弟の義十郎《ぎじゅうろう》(喜十郎《きじゅうろう》)は御家人三浦《みうら》家の養子にはいり、松前奉行《まつまえぶぎょう》支配調役《しらべやく》や御《お》畳《たたみ》奉行をつとめ、旗本《はたもと》にのぼった。その娘は表御右筆《ごゆうひつ》浜田《はまだ》三之丞《さんのじょう》に嫁ぎ、その子三次郎《さんじろう》(三平《さんぺい》)には重蔵の娘が嫁ぐことになる。重蔵にとって数少ない旗本の係累《けいるい》であり、のち大坂御弓奉行罷免時には三之丞が親類としてその申渡しを受け、改易《かいえき》時には義十郎が同じく親類として遺児をあずけられている。

守知の才覚は、おもに茶道《さどう》の世界に発揮された。翠中軒《すいちゅうけん》・知新庵又新《ちしんあんゆうしん》と号した守知には「茶道八炉図式」(天明《てんめい》五〈一七八五〉年自序)といったそれに関する著述があり、また諸侯《しょこう》にも門人があったという。当時の社会では、書や茶道・詩文の世界が、世俗の身分秩序を超えて成立していたが、当然ながら前者の優劣が後者におよぶことはない。あくまでも遊芸の世界での序列であった。重蔵の父は、前者の世界にその才覚を発揮することで、事足れりとしていた人であったようだ。そして御先手鉄炮組与力の世職を、実子惣領である重蔵にきちんと手渡し隠居した。一七九〇(寛政《かんせい》二)年七月のことである。

ただし重蔵は、初めから惣領息子だったわけではなかった。重蔵には藤次《とうじ》と

知新庵戯画（『八丈実記』四）

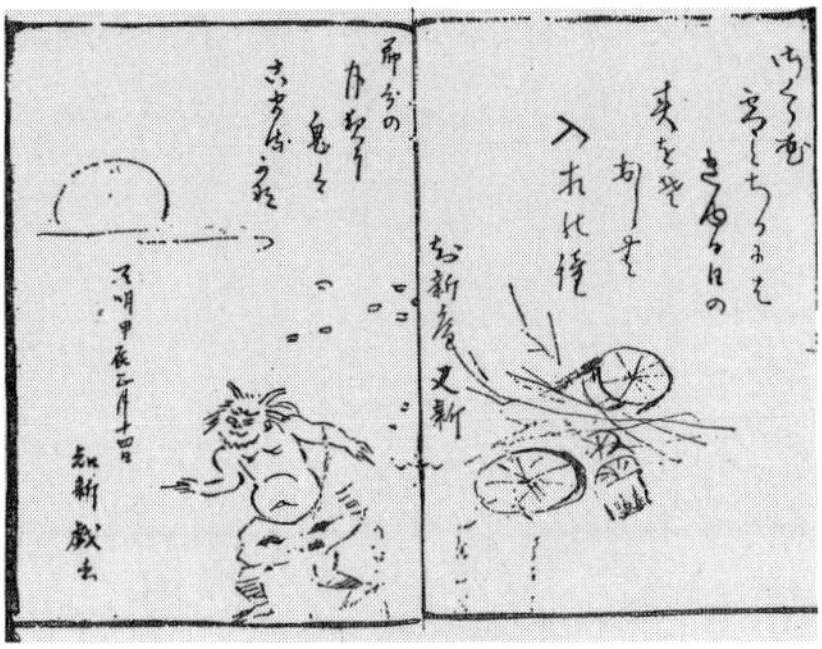

▼寛政改革　徳川家斉《いえなり》将軍就任を契機に、田沼意次《おきつぐ》にかわり老中首座《しゅざ》となった松平定信により行われた幕政改革。将軍代替わりを示す一方、国際情勢の変化に応じた政策転換としての意味も大きい。

いう同母兄があり、幕府《ばくふ》に実子惣領として届けられていたが、一七八七（天明七）年十一月に病を理由に「惣領除」が提出された。重蔵が惣領となったのは、そのためである。藤次はその後、病が快癒《かいゆ》し、父方の叔父である福間陽蔵《ようぞう》の養子として町医師となった。この進路は、重蔵があゆんだかもしれない道である。別の見方をすれば、藤次の「惣領除」により、重蔵は養子による家格上昇の可能性を封じられたことになり、近藤家の框《かまち》から離れられない境涯《きょうがい》となったともいえる。その框を打開するには、近藤家自身の家格をみずからの才覚により幕府の秩序のなかで正規に上昇させなければならない。いずれにせよ一七歳の重蔵は、近藤家の家格を背負うことを余儀なくされたのであった。

学問吟味

学問吟味、という制度があった。寛政《かんせい》改革▲の一環として幕府が創始した制度で、湯島聖堂《ゆしませいどう》学問所（のちの昌平坂《しょうへいざか》学問所）において同所儒者《じゅしゃ》により実施運営された。一七九二（寛政四）年から一八六八（慶応《けいおう》四）年までの七七年間に一九度実施されており、及第《きゅうだい》（合格）者には若年寄《わかどしより》から褒賞があった。若年寄が褒賞するの

大田南畝

▼**大田南畝**　一七四九〜一八二三。御家人。通称直次郎《なおじろう》、諱は覃《ふかし》。蜀山人《しょくさんじん》・四方赤良《よものあから》とも号し、狂歌《きょうか》にひいでた文人として著名。御徒から支配勘定に進み、長崎にも赴任した。文壇や学問の世界で重蔵と交流をもった。

▼**遠山景晋**　一七五二〜一八三七。旗本。一七九九（寛政十一）年蝦夷地出役、一八〇二（享和《きょうわ》二）年目付、〇四（文化《ぶんか》元）年レザノフ応接のため長崎出役、〇七（同四）年文化露寇に際し蝦夷地出役、一二（同九）年長崎奉行、一六（同十三）年作事《さくじ》奉行、一九（文政《ぶんせい》二）年勘定奉行、二九（同十二）年辞職。

は、学問所を管掌する林大学頭《はやしだいがくのかみ》（御小姓番頭格《おこしょうばんがしらかく》）が若年寄支配だったからである。学問吟味には旗本・御家人、当人・惣領・部屋住《へやずみ》（厄介《やっかい》を含む）の別なく応ずることができた（布衣《ほい》以上の旗本当人は除く）。及第者のうち旗本については、役職に優先的に登用される慣行があったが、御家人についてはそうした優遇が慣行化されてはいなかったことが指摘されている（橋本昭彦『江戸幕府試験制度史の研究』）。ただし、大田南畝《おおたなんぽ》▲が学問吟味及第後に御徒《おかち》から支配勘定《かんじょう》に昇進したように、その資質を幕府当局者に示すことがのちの立身の契機となった側面はあったようだ。

重蔵は、一七九四（寛政六）年二月に実施された第二回の学問吟味に応じ、丙《へい》科《か》及第という合格判定をえた。「昌平学科名録」という記録によると、この年の及第者は三七人。うち甲科《こうか》及第者が五人、乙科《おつか》及第者が一四人、丙科及第者が一八人であった。このうち甲科及第者には大田南畝と、のちに重蔵の上役として蝦夷地《えぞち》踏査にあたった遠山景晋《とおやまかげみち》▲が含まれている。つまり、重蔵は遠山や南畝らには成績のうえでおよばなかったということになる。

重蔵を含む御目見以下の丙科及第者は、江戸城内（殿中《でんちゅう》）の焼火間《たきびのま》にて若年寄

▼**堀田正敦**　一七五八〜一八三二。近江堅田《かただ》藩主、のち下野佐野藩主。一七九〇(寛政二)年若年寄、一八三二(天保《てんぽう》三)年退任。この間一八〇七(文化四)年蝦夷地出役。文人大名として知られ、『寛政重《ちょう》修《しゅう》諸家譜《しょかふ》』編纂総裁をつとめた。

▼**中川忠英**　一七五三〜一八三〇。旗本。一七八八(天明八)年目《め》付《つけ》、九五(寛政七)年長崎奉行、九七(同九)年勘定奉行兼関東郡代《かんとうぐんだい》、一八〇六(文化三)年大目付、二二(文政五)年留守居役《るすいやく》、二五(同八)年旗《はた》奉行。目付在任時には日記方をつとめ、大目付在任中には蝦夷地踏査の統括や朝鮮通信使《つうしんし》応接にあたった。

▼**石川忠房**　一七五五〜一八三六。旗本。一七九一(寛政三)年目付、九三(同五)年ラクスマン応接のため松前出役、九七(同九)年勘定奉行、九九(同十一)年蝦夷地取締御用兼帯、〇六(文化三)年西《にしの》丸《まる》留守居、〇八(同五)年小普請《こぶしん》入、

からの褒詞《ほうし》にあずかった。同年四月二十七日のことである。重蔵の立身は、ここから始まったといってよい。

　立身の契機は、褒賞の授与者にもあらわれている。授与した若年寄は堀田正《ほったまさ》敦《あつ》▲。のちに蝦夷地御用掛《ごようがかり》として、さらには御書物《ごしょもつ》奉行を管掌して重蔵を指揮することになる人物である。それだけではない。重蔵の応じた学問吟味の際に「監試《かんし》」、すなわち試験監督をつとめたのは中川忠英《なかがわただてる》▲と石川忠房《いしかわただふさ》▲である(梅澤秀夫「近藤重蔵論ノート(一)」)。中川はのちに長崎奉行となり重蔵を手附出役《てつけしゅつやく》として長崎へ帯同している。石川はのちに松前蝦夷地掛の勘定奉行として蝦夷地上知《じょうち》に関与した。重蔵にとって学問吟味応募と及第は、世職としての御先手鉄炮組与力からの、文字どおり抜擢の契機を用意したといえるのである。ときに重蔵は二四歳であった。富蔵はまだ生まれていない。

白山義学

　重蔵が学問吟味に及第した背景には、身につけた学問があった。富蔵がその長男・弁多守一《べんたもりかず》▲のために記した記録「庭訓《ていきん》物語」によると、重蔵は初め山本北《やまもとほく》

山《ざん》▲に師事し、一三歳のときには北山の代講として諸侯へ出入りしたという(『八丈実記《じっき》』四)。これが事実であれば、重蔵は早くから学問を介して本来の身分を逸脱した交流をもっていたことになる。

　北山は文献の比較による考証を重んずる折衷《せっちゅう》学派として知られた儒学者《じゅがくしゃ》である。のちに残された重蔵の著作にうかがえる、考証により客観性を担保しようとする傾向は、この師仕込みのものであったといえよう。同時に重蔵は、学問を直接統治の場に実践すべきとの認識を有しており、そのためのシステムの構築を考え、それを学問所に提言するのみならず、実際に教場を設立・運営している。号して「白山義学《はくさんぎがく》」という。

　「義学」という名称は、重蔵がこの教場にこめた理念を端的に表現している。「義学」とは「義塾」と同様、公に資することを目的として民間有志の義捐金《ぎえんきん》により運営される私設の教学施設をいう。幕府には湯島聖堂の学問所はあったが、そこは林家《りんけ》の私塾《しじゅく》▲で、教育施設というよりは研究施設としての色彩が濃い。古代律令制《りつりょうせい》下の淳和院《じゅんないん》・奨学院《しょうがくいん》▲に比すべき官営の教育機関を設け、及第者登用のシステムを確立すべき、というのが重蔵の意見であった。その欠を補うべ

一九(文政二)年勘定奉行、二八(同十一)年本丸留守居。

▼**近藤弁多守一**　一八三五〜四六。富蔵の長男。江戸へだされたが、帰路伊豆大島で病没。

▼**山本北山**　一七五二〜一八一二。白山に家塾《かじゅく》・奚疑塾《けいぎじゅく》を構えた折衷学派の儒者として高名。松平定信の登閣に期待し小普請組支配の旗本山本喜六《きろく》として建白書《けんぱくしょ》(「十《じっ》策《さく》」)を上申《じょうしん》したが、寛政異学《いがく》の禁《きん》には公然と反対した。漢詩にもひいで、門人に大窪詩仏《おおくぼしぶつ》がいる。

▼**林家私塾**　林羅山が江戸上野《うえの》忍岡《しのぶがおか》に設けた儒学の私塾で、「学問所」と称した。孔子廟《こうしびょう》をともなう。幕府儒者筆頭林家の運営する事実上の最高学府であったが、寛政改革の一環で一七九七(寛政九)年までに幕府へ移管され、昌《しょう》平坂《へいざか》学問所と称し、維新《いしん》におよんだ。

▼淳和院・奨学院　古代律令国家の最高学府。のち源氏長者《げんじちょうじゃ》が代々両院の別当《べっとう》（長官）をつとめる慣例となり、歴代の徳川将軍もその例にならい任官されているから、これは重蔵の皮肉である。

白山神社（東京都文京区白山）

く、あるいはその先駆けとなるべく設立した教場に、重蔵は「義学」の名を冠したのである。

　義学が「白山」の名称を冠して設立されたのは、重蔵の生家である近藤家の組屋敷が白山神社の裏手（現、東京都文京《ぶんきょう》区白山五丁目、同本《ほん》駒込一〜二丁目付近）に位置していたからであろう。

　驚くべきことに、重蔵が白山義学を設立したのは一七八七（天明七）年、一七歳のことであったという。その早熟さは注目に値するが、さきにふれたように一七八七年という年は、重蔵が兄にかわって近藤家の惣領息子となった年であったという点にも、注意を向けておくべきだろう。家格という框を、学問により打破しようとする重蔵の意図が、そこからはうかがうことができるからである。実際、重蔵は白山義学をベースキャンプとして、幕府の学制改革についての意見書を構想・執筆している。梅澤秀夫の研究によれば、それは次のような内容をともなった構想であった（「近藤重蔵論ノート（一）」）。

　すなわち、江戸城二の丸に「国子学《こくしがく》」という最高学府をおき、全国六六州一国ずつに幕府支配の学校を設け、大名領国《だいみょうりょうごく》には城下《じょうか》に学校をおき、さらにその

松平定信

▼秀才　科挙や科試に及第した人材を呼ぶ呼称。中国や朝鮮・琉球では、皇族・王族や有力門閥《もんばつ》とともに官僚組織の上層部を占めることもあった。

▼松平定信　一七五八～一八二九。陸奥白河《むつしらかわ》藩主。一七八七(天明七)年老中首座、九三(寛政五)年辞職。老中在任中、寛政改革を断行し、学問吟味創設・長崎仕法替・林述斎《じゅっさい》重用など、重蔵の登用に直接影響をおよぼした。蝦夷地非開発・松前藩委任策を旨としたが、ラクスマン来航後は直轄策をも射程にいれた。

下に御料《ごりょう》私領を問わず代官陣屋《だいかんじんや》ごとに学校を設ける。江戸府内には、湯島聖堂附属の林家私塾を官営化し、四カ所の学校を設置する。そこではおのおの朱《しゅ》子学《しがく》に統一した儒学を基本としつつも、六芸のみならず、天文《てんもん》・地理・兵事《へいじ》・刑律《けいりつ》・屯田《とんでん》・水利《すいり》・銭穀《せんこく》など実践的な「吏学《りがく》」を教授する。そして陣屋下の学校での優秀者は城下の学校へ、城下の学校での優秀者は江戸城の「国子学」へ送り、全国の秀才▲をその才に応じた職に任ずる。まるで中国・朝鮮の科挙《かきょ》や琉球《りゅうきゅう》の科《こう》試《し》のようなシステムである。重蔵はそれを理想としつつも、現実的には「初政」に際して御家人の次三男・厄介を含んだ学問・武芸出精者の悉皆《しっかい》調査を行い、一挙に番替・番入(役職登用)を実施すべきと記す。ここでいう「初政」とは、松平定信《まつだいらさだのぶ》▲の老中《ろうじゅう》としての「初政」をさす。定信の老中就任は一七八七年六月、白山義学創立の年である。

ここで確認しておきたいのは、重蔵が、旗本・御家人につきおのおのの家格によらず個人の資質に応じた役職があたえられるべきと論じた点である。さきにふれた学問吟味の創設は、重蔵の期待に合致した改革だったととらえられる。それに及第した重蔵は、その評価に応じた役職を望み、またそれを当然の処遇として認識した形跡がうかがえる。実際、重蔵はこれを契機に世襲の職を離れた役職をあたえられた。いわば例外の抜擢である。しかしながらその役職は、必ずしも重蔵の望んだものばかりだったわけではなく、しかも家禄《かろく》のうえからは大きな変動をみることができなかった。抜擢された役目にあきたらず、資質に応じたさらなる待遇を追求する。重蔵のそんな振舞いは、のちの槍ヶ崎《やりがさき》の刃《にん》傷《じょう》沙汰《ざた》につながっていくとみるべきだろう。

白山義学の風景につき、少しあとのことになるが、こんな記録がある。一七九八（寛政十）年四月の蝦夷地への出立《しゅったつ》直前、重蔵の従者として随行した木村謙《きむらけん》次《じ》▲（謙）の日記がそれであり、重蔵をたずねて「鶏聲窪《けいせいがくぼ》」の「学館」に赴いたところ、そこには「図書」が「累々」と蔵されており、「地図」や「天下秘書」が「多々堆積」していた、と記す。また、そこには「白山精舎《しょうじゃ》」と書かれた扁額《へんがく》が掲げられていたとも記す（「蝦夷日記」）。蔵書家として知られた重蔵の面目躍如といったところか。こうした豊富な蔵書を備えた白山義学では、幕臣が教壇に立ち、「吏学」を直接講じていたようだ。重蔵の記録によると、屋代弘賢《やしろひろかた》▲が和学《わがく》を、紅葉山楽人《もみじやまがくにん》▲が雅楽《ががく》を講じた形跡がある。幕府の学制改革についての重蔵の構想

▼木村謙次　一七五二～一八一一。水戸《みと》藩出身の儒者・医師。一七九三（寛政五）年と九八（同十）年に蝦夷地踏査に赴く。一七九八年の踏査には、下野源助《しもつけげんすけ》と名乗り重蔵の私的従者の身分で赴き、エトロフ島まで同行した。その際の日記「蝦夷日記」には、重蔵の動静が詳しく記される。

▼屋代弘賢　一七五八～一八四一。御家人、のち旗本。国学者《こくがくしゃ》。一七八一（天明元）年西丸台所出仕、八二（同二）年表御右筆、九三（寛政五）年奥《おく》御右筆所詰支配勘定格、一八〇四（文化元）年御勘定格。『群書類従《ぐんしょるいじゅう》』編纂に参与。蔵書家としても著名。

▼紅葉山楽人　雅楽演奏を家職として幕府に出仕した集団。もと朝廷《ちょうてい》の地下官人《じげかんじん》。一六六五（寛文《かんぶん》五）年より五七人が江戸へくだり幕臣となった。

はあくまでも構想の域をでるものではないが、白山義学という小さな実践は、それを渇望《かつぼう》した重蔵の思いが大きく反映されたものだったといえよう。

この時期の重蔵の著述活動については、後年、御書物《ごしょもつ》奉行時代にみずから記した「勤書《つとめがき》」によると、幕府法令の編纂と全国地誌の編纂を、一七八九(寛政元)年ごろから「私ニ《ひそか》」(私的に)始めていたという(『近藤重蔵蝦夷地関係史料』三)。前者はのちに『憲教類典《けんきょうるいてん》』▲(一五四巻、内閣文庫所蔵)としてまとめられ、一七九八年に幕府へ献上されている。これはのち重蔵が御書物奉行在任時に増補改訂され、再度献上されることとなる。また後者は甲斐《かい》国と上野《こうずけ》国の分がまとめられたというが、林家の地誌編纂事業に資するため、のちに編纂材料を提供したという。これらの編纂の動機につき重蔵は、現在の幕臣の学問状況をみるに、「唐土之事《もろこし》」ばかりに目を向け、「本邦《ほんぽう》」のことはおろか「御当家《ごとうけ》」(徳川家)の規定すらおろそかになっている現状をうれえてのことであったと記している。こうした意識は、「史学」を旨とした白山義学の教育姿勢と通底するものがあるといえるだろう。重蔵はみずから手がけた学問研究のうえでも、この時期すでに、同時代の幕府政治への問題提起を孕《はら》んだ実践を試みているのである。

▼**『憲教類典』**　天正《てんしょう》年間(一五七三〜九二)から寛政年間(一七八九〜一八〇一)にいたる幕府の法令集。重蔵の私撰であったが、のちその増補校正が幕府により命ぜられ官撰となった。

重蔵と同世代（一歳下）の友人である佐藤一斎《さとういっさい》▲の記録によると、与力時代の重蔵は、学識に優れ、早くから「経世之学《けいせいのがく》」（政治や行政の実学《じつがく》）を志し、ややもすればみずからを古《いにしえ》の豪傑になぞらえることがあったという。また、遠方への遊学を志したこともあったが、与力の役に就いたため江戸を離れることができなくなった。よって古今の地誌や名勝地の絵図を収集し、それをながめ楽しむことで青雲の志を慰めていた、ともいう（『愛日楼《あいじつろう》全集』巻之五）。御先手鉄炮組与力の家という枠は、このように重蔵の行動の自由を縛るものでもあった。しかし、学問吟味に及第したことで、その世襲の役目からの逸脱が現実のものとなっていく。

重蔵が及第した一七九四年の学問吟味当時、松平定信はすでに老中を退いていた。ただし、学問吟味自体は、寛政改革の一環として定信の老中在任時に始められたものである。重蔵が定信の「初政」に期待した学問による人材登用の制度が、まがりなりにも実現し、実際にみずからの境遇を打破する契機をもたらしたことになる。そしてこれを契機とした重蔵の活躍の場は、定信の直面したあらたな外交問題の現場である長崎や蝦夷地に用意されることになるのである。

▼**佐藤一斎**　一七七二〜一八五九。美濃岩村《いわむら》藩出身の儒者。一七九三（寛政五）年に林述斎（岩村藩主三男）が林家養子となるに際し帯同され、一八〇五（文化二）年に林家門弟筆頭、四一（天保十二）年に述斎が没すると昌平坂学問所儒者となり林家を補佐した。重蔵とは早くから親交があり、重蔵の長崎赴任に際しての送序が残されている。

佐藤一斎（渡辺崋山筆）

③—長崎出役

長崎奉行手附出役

学問吟味に及第した重蔵は、翌一七九五（寛政《かんせい》七）年六月五日に長崎奉行手《ぶぎょうて》附出役《つけしゅつやく》を命ぜられた。身分は御先手《おさきて》鉄炮頭《てっぽうがしら》杉浦長門守《すぎうらながとのかみ》▲組与力《ぐみよりき》のままでの出役であり、辞令は若年寄《わかどしより》から杉浦へ手交されている。俸禄《ほうろく》に変動はなく、現米八〇石取《こくどり》のままである。ただし、これは重蔵にとって大きな境遇上の変革であった。なぜなら、重蔵を手附とした長崎奉行は中川忠英《なかがわただてる》であり、その後、重蔵は中川のもとで勘定方《かんじょうかた》系統（役方）の役をつとめ、蝦夷地《えぞち》踏査に従事していくことになるからである。

長崎奉行手附出役は、御家人《ごけにん》のつとめる役である。一七九三（寛政五）年六月、松平定信《まつだいらさだのぶ》の老中《ろうじゅう》在任末期の新設である。定信はこの役職新設に際し、軽い身分の御家人の「勤筋《つとめすじ》」をふやすことで、幕府《ばくふ》への奉公《ほうこう》の励みとすることを目的にあげている（『長崎古今集覧』第三巻）。実に、学問吟味の実施と同様の意図をもって寛政改革期に新設されたのが、重蔵の登用された長崎奉行手附出役という役

▼**杉浦長門守**　一七二〇〜九六。旗本。諱《いみな》は勝興《かつおき》（忠興《ただおき》とも）。一七七五（安永四）年御先手鉄炮頭、在任中没。守知・重蔵父子を支配した。重蔵の学問吟味受験を支配頭として許可し、その立身の産婆役を果たした。

目であった。これは言葉をかえれば、従来の秩序から逸脱して設けられた役職に、改革の潮流に乗じて重蔵が就いた、ということになる。

寛政改革の一環として設けられた長崎奉行手附出役は、水野《みずの》忠成《ただあきら》▲老中在任期の一八二〇（文政《ぶんせい》三）年に廃されている（『続長崎実録大成』巻十二）。のちにふれるが忠成は定信の寛政改革や重蔵の蝦夷地開発策に批判的であり、その老中在任中の一八二一（文政四）年には松前《まつまえ》蝦夷地一円の松前藩復領を実現させてもいる。重蔵の長崎赴任は、直接的にも寛政改革の影響を大きく受けて実現したものであったことが、ここからも確認できるのである。

長崎への赴任

このように長崎への赴任は、重蔵の境遇を大きく変える契機となった。長崎赴任は奉行の中川と同日であり、江戸から同道したものとみてよい。支配勘定久保寺《くぼでら》交美《ともよし》・普請役《ふしんやく》辻民右衛門《つじたみえもん》ならびに奉行手附出役林《はやし》貞裕《さだひろ》も同日に長崎に着任しており（『続長崎実録大成』巻十）、重蔵とともに中川と同道したと考えられる。江戸出立《しゅったつ》は一七九五（寛政七）年七月二十日ごろ（岡宏三「長崎出役前後におけ

▼**水野忠成**　一七六二〜一八三四。駿河沼津《するがぬまづ》藩主。一八〇二（享和《きょうわ》二）年奏者番《そうじゃばん》、〇三（同三）年寺社奉行兼帯、〇六（文化三）年若年寄、一二（同九）年西丸側用人《にしのまるそばようにん》、一七（同十四）年老中格兼帯、一八（文政元）年老中首座《しゅざ》、在任中没。家斉《いえなり》の小姓をつとめた将軍親政派（保守）の首脳で、蝦夷地直轄・開発策を是とせず、老中在任中に松前家への還付を断行した。

る近藤重蔵」)、長崎着任は同九月十日。重蔵二五歳のことである。

当時の長崎の総人口は約三万二〇〇〇人(一七八九年)、うち旗本《はたもと》役の長崎代《だい》官《かん》をかねた高木作右衛門《たかぎさくえもん》▲を筆頭に、二〇〇〇人におよぶ地役人《じやくにん》層を含む分厚い町人社会が形成されていた。これに対し、長崎奉行がともなった家臣▲は手附を含め二六人程度(中村質「長崎奉行所関係文書について」)、これに目付《めつけ》▲として派遣された普請役・支配勘定(各二人)、ならびに吏僚である与力・同心を含めてもわずか数十人程度が、地役人をとおして長崎の都市支配にあたっていた。すなわち重蔵は、奉行手附の御家人として、幕府による長崎支配の頂点の一画を占めたことになる。

いうまでもなく長崎は、オランダ・中国(当時は清《しん》朝)との貿易で成り立つ都市であり、奉行はオランダ人・中国人との交渉を含むその管理をもつかさどった。貿易の利潤は幕府財政の得分となるが、その一部は等しく町人に配分され、地役人にはこれに加えて地位に応じた受用金が給された。地役人には、通詞《つうじ》や目利《めきき》(貿易品鑑定官)を家職とする、長崎ならではのスペシャリストが含まれている。異国・異文化と日常的に接し、またそれを前提に経済的にも吸着した独

▼**高木作右衛門**　中世の長崎開港以来の有力町人・高木家当主の通称。町年寄《まちどしより》を世襲し、一七三九(元文《げんぶん》四)年以降、長崎代官をかね旗本待遇となった。

▼**長崎奉行がともなった家臣**　中川の後任松平貴強《たかます》の例をみると、手附八人のほか家老《かろう》一人、用人三人、給人《きゅうにん》四人、医師一人、納戸《なんど》一人、近習《きんじゅう》四人、中小姓《ちゅうこしょう》四人の計一八人(いずれも奉行家臣《かしん》)。このうち給人とは奉行在任中に限り臨時にかかえた家臣で、地役人層からの登用が多く、癒着の温床となる傾向もあった。

▼**目付**　奉行や手附は通常立山《たてやま》役所(長崎村岩原郷《いわはら》)に在勤し、必要に応じて出島に面した外浦町《そとうら》の西役所に出張した。目付は立山役所の山手におかれた岩原御目付役所に在勤し、監察にあたった。

特な風土がそこには形づくられていた。そこでの重蔵の任務は、役所の警備ではなく、奉行を補佐する「目安方《めやすかた》」(訴訟)である。「経世之学《けいせいのがく》」をめざし研鑽《けんさん》を重ねながらそれをいかすことのできなかった重蔵にとって、それを実地にふるう環境が長崎の地には用意されていたことになる。

そんな長崎の独特な風土の姿につき、延宝《えんぽう》九(一六八一)年の序をもつ遊女《ゆうじょ》評判記である『長崎土産《みやげ》』の著者は、「日見《ひみ》の峠・一《いち》の瀬《せ》と云ふ所を過るほど、都《すべ》てえしれ《(得知)》ぬ香《かおり》鼻に入りて、胸心わろ《(悪)》く、とへ《(問)》ば是《これ》なん長崎のにほひ《(匂)》と申す」と記している。あらたな属性と役目をえて長崎への入り口である一の瀬橋▲を渡った重蔵は、「長崎のにほひ」をどんな気持ちで胸にいれたものだろうか。

重蔵赴任時の長崎と対外関係

ここで、やや概説めくが、重蔵が赴任した当時の長崎の状況と、それに密接に関連した対外関係のあり方につき、藤田覚や横山伊徳に代表される近年の研究成果を踏まえ、整理をしておきたい。キーワードとなるのは、当時の幕府がかかえた三つの政策課題。(1)銅をはじめとした貴金属資源の枯渇にともなう長

▼一の瀬橋　現在の蛍茶屋《ほたるじゃや》電停付近、長崎村中川郷にある長崎街道の石橋。一八一二(文化九)年に奉行として赴任した遠山景晋《とおやまかげみち》の日記によると、ここから市中までの街道沿いに、奉行一行を出迎える長崎勤番諸大名の使者や高位の地役人が「ひしと並居」ており、奉行は駕籠《かご》の引戸を開け放したまま「会釈」を繰り返しつつ市中をめざした。長崎における公儀の権威のほどがうかがえる光景だが、その権威の一端は奉行手附の重蔵もおびたわけである。

田沼意次

▼**田沼意次**　一七一九〜八八。遠江《とおとうみ》相良《さがら》藩主。将軍家治《いえはる》の治世下に老中に任ぜられ（一七七二〈安永元〉年）、幕閣を主導。家治の死去直後に罷免（一七八六〈天明六〉年）。その幕閣の末期に大規模な蝦夷地調査団を派遣し開発の可能性を探ったが、失脚により中断。

崎貿易の抑制策、⑵ナポレオン戦争にともなうオランダ貿易の不安定化への対応策、⑶北方からのロシアの接近への対応策、がそれである。いずれも、十七世紀前半に設定された対外関係のあり方（いわゆる〝鎖国《さこく》〟と呼ばれる体制）から、大きく逸脱する状況を迎えての課題であった。

田沼意次《たぬまおきつぐ》▲はその老中在任期の末の一七八五（天明《てんめい》五）年から翌年にかけ、大規模な蝦夷地調査団を派遣する。その目的は、蝦夷地の開発と対ロシア交易の可能性を探るものであった。この過程で海鼠《なまこ》や鮑《あわび》・昆布《こんぶ》といった輸出海産物の調査が実施され、一七八五年に従来の問屋《といや》を介した調達方法を改め、長崎会所《かいしょ》の直仕入体制を確立させている。一方、対ロシア交易の可能性を検討する際に、金銀を用いての交易に慎重な意見を付していることも注目される（「蝦夷地一件」）。蝦夷地の開発と長崎貿易は、ここでも密接に連関している。

松平定信の寛政改革も、その一環に長崎貿易対策が含まれている。一七九〇（寛政二）年九月に発せられた貿易半減商売令がそれである。輸出海産物の増産による代替貿易品に期待するのではなく、貿易額を純粋に半減することにより貴金属の流出を抑制しようという、ラジカルな政策である。その実施は、貿易相手であるオランダ商館・唐人《とうじん》屋敷のみならず、貿易を前提として成り立つ長崎の都市社会にも衝撃をもって受け止められた。反発は実際に生じ、それへの対策として重蔵が就くことになる長崎奉行手附出役が新設された側面がある（木村直樹『幕藩制国家と東アジア世界』）。その後、定信の幕閣《ばっかく》は、ロシアとの直接交渉にともなう国際情勢把握の必要から対オランダ貿易の重要性をとらえなおし、貿易規模の復帰につき中国製品の仲介交易（広州《こうしゅう》で長崎から仕入れた海産物を売り、長崎で広州から仕入れた中国製品を売る）を提案する（オランダは拒否）が、貴金属輸出については若干の銅増額を許すにとどまった（横山伊徳『開国前夜の世界』）。長崎貿易は、政治的判断も手伝って、不振の時代を迎えていた。

　長崎貿易の不振は、貴金属輸出の抑制策のみをその要因としたものではなかった。一七八九年に起こったフランス革命と、それに続くナポレオン戦争▲とによるオランダのフランスへの屈服（一七九三〜一八一三年）にともなうオランダ領東インドのイギリスによる占拠が、出島《でじま》におけるオランダ貿易の不安定化という状況を生み出したのである。入港船は不定期になり、しかもその多くはアメリカなど中立国のチャーター船となった（金井圓『日蘭交渉史の研究』）。出島オラ

▼**ナポレオン戦争**　一八〇三〜一八一五年のあいだにフランス統領・皇帝ナポレオンによりなされたヨーロッパの戦争。この間、オランダはフランスの衛星国・直轄領とされ、一八一一〜一六年にオランダ領東インドはイギリスの占領下におかれた。出島オランダ商館は存続したが、一八〇八年にイギリス軍艦が長崎に侵入するフェートン号事件が起きている。

ンダ商館には館員が駐在していたものの、例年六月から七月ごろに入港するはずのオランダ船が、重蔵の赴任していた一七九六(寛政八)年にはついに来航をみなかった。その影響は、長崎の都市社会へも直接およんだ。会所の資金繰りが差し支えたため、地役人へ支払う受用銀を減じ、かわってはじめて困窮地役人への救銀有利子貸付を開始したのである(『続長崎実録大成』巻十二)。重蔵が長崎に赴任した一七九五(寛政七)年九月から九七(同九)年三月の期間は、実にこのオランダ屈服期、すなわち対蘭貿易の不安定期に相当するのである。

さらにこの時期は、北方における異国船来航の問題が表面化した時期であった。直接的には東蝦夷地ネモロ(根室《ねむろ》、一七九二年)ついで松前(一七九三年)におけるロシア遣日使節ラクスマン▲中尉との交渉、ならびにイギリス海軍測量士官ブロートン中佐の東蝦夷地モロラン(室蘭)来航(一七九六年八月・一七九七年七月)への対応が、それであった。ラクスマンとの松前における交渉に際して定信の幕閣は、長崎での外交交渉を保証する信牌《しんぱい》を交付した。それを携えた使節レザノフ▲の長崎来航は一八〇四(文化《ぶんか》元)年であるが、来航に備えた対応が長崎奉行から長崎警衛の諸家に求められたのは一七九三年のうちであり(『続長崎実

▼ラクスマン　一七六六〜?(一八〇六以降没)。ロシアの陸軍士官。イルクーツクで漂流民大黒《だいこく》屋光太夫《やこうだゆう》らに出会い、その送還に尽力。中尉のとき初の遣日使節に任じられ、光太夫らをともない蝦夷島にいたった。幕府の信牌をえて帰国後、大尉に昇進。詳細な渡航日記を残している。

▼レザノフ　一七六四〜一八〇七。ロシアの官僚・商人。判事などをつとめたのちイルクーツクの商人シェリホフの娘婿となり、北太平洋の毛皮商業に従事。のち皇帝から特許をえた露米会社の支配人となる。遣日使節に任じられ長崎で通交交渉にあたったが拒絶され、その帰途部下のフヴォストフらがカラフト南部や利尻《りしり》島・択捉《えとろふ》島を襲撃する事件が起こった(文化露寇《ろこう》)。

ブロートン

レザノフ

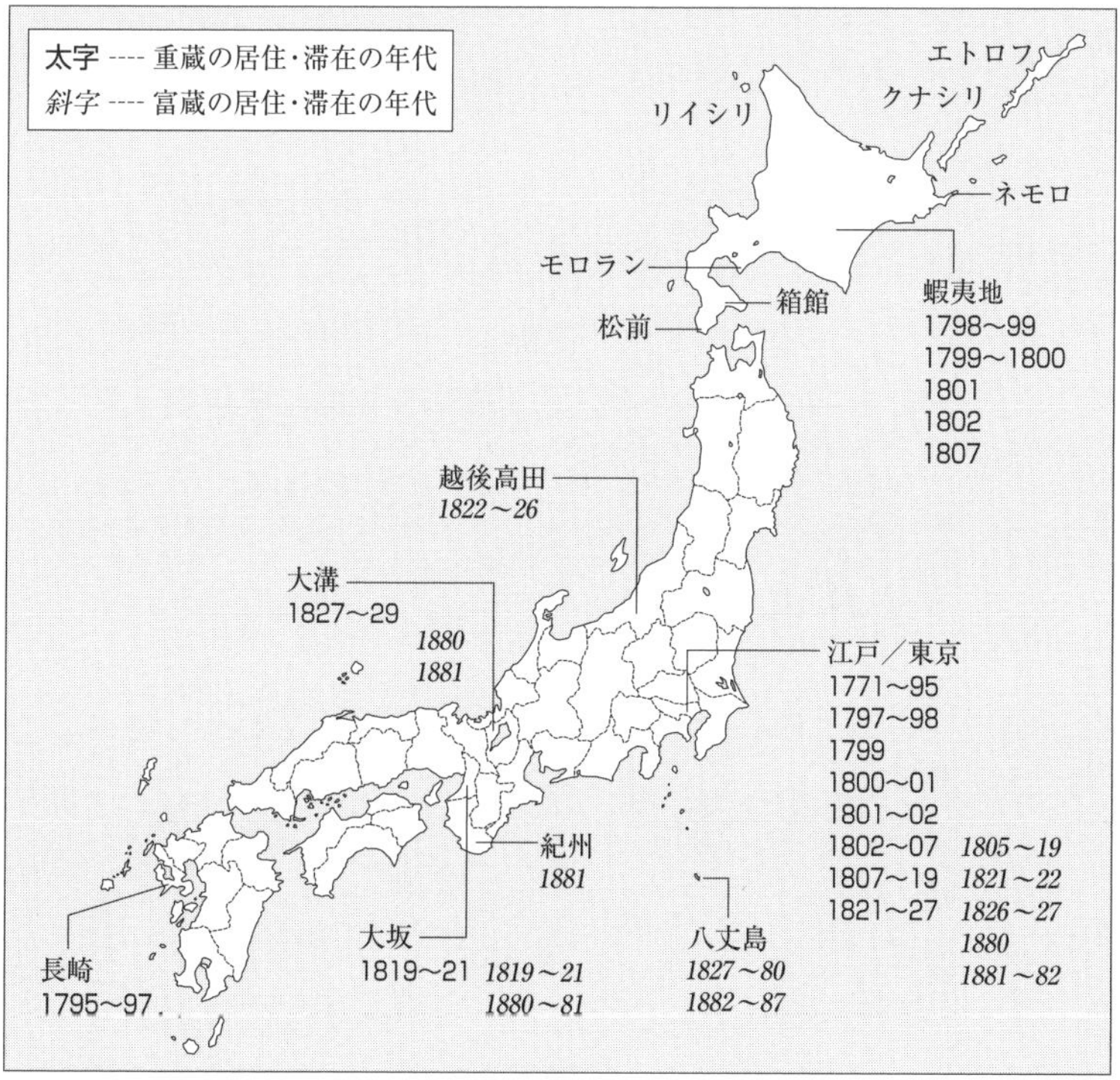

近藤重蔵と近藤富蔵の居住・滞在地の変遷

録大成』巻十）、すなわちそれ以降、長崎はロシア船来航を前提とした態勢がとられていたことになる。ブロートンの第一次モロラン来航を受け、幕府は一七九六年十月に松前へ見分のため御勘定と御徒目付《おかち》らを派遣した（十二月松前着）。つまり、重蔵の長崎赴任の期間は、幕府が蝦夷地に端を発するロシア船とイギリス船への直接的な対応を迫られた時期と重なっているのである。

そもそもこの時期の日本の対外管理の体制は、十七世紀に確立されたものが基本的に継続していた。直轄都市長崎にオランダ船と中国船を迎え、対朝鮮関係は対馬宗《つしまそう》氏に、対琉球《りゅうきゅう》関係は薩摩島津《さつましまづ》氏に委任するという体制がそれである。いずれも中世段階に達成されていた秩序を、徳川公儀《とくがわこうぎ》があらたに再編・安《あん》堵《ど》したものである。これに加え徳川公儀は、中世蠣崎《かきざき》氏▲（一五九九〈慶長《けいちょう》四〉年に松前と改姓）が達成した対アイヌ関係を含む松前・蝦夷地の平和と安定の秩序を安堵し、松前氏を大名《だいみょう》として幕藩《ばくはん》体制に組み込んだ。ここにおいて蝦夷の沙汰《さた》は松前氏に委任されたわけだが、その際、化外地《けがいち》たる蝦夷地の先に邪宗門《じゃしゅうもん》を奉ずる「異国」が存在することは、当然ながら想定されたものではなかった。

この時期の北方へのロシアとイギリスの接近は、こうした体制では対応しき

▼**蠣崎氏**　若狭《わかさ》の守護《しゅご》大名武田《たけだ》氏の傍流信広《のぶひろ》を祖とする。津軽安《つがるあん》藤《どう》氏の麾下《きか》、渡島《おしま》半島に覇を唱えた。豊臣《とよとみ》期に独立大名となり、徳川期に継続した旧族大名の一つ。

れない状況が訪れていることを示した。ロシア人が日本との通航を求め、はじめて蝦夷地へ直接来航したのは一七七八(安永《あんえい》七)年、ついで七九(同八)年のことであった。ロシアは十八世紀を通じて毛皮(ラッコやクロテン・カワウソなど)を求めてカムチャツカから千島《ちしま》伝いに南下し、それをきらうアイヌとの紛争をかかえつつ、一七六八(明和《めいわ》五)年にはウルップ島▲に植民《しょくみん》を開始していたのである。根室半島に位置する東蝦夷地ノッカマップで応接にあたった松前藩は貿易を謝絶したが、その情報を幕府に秘した。それが明らかになったのは、田沼意次による天明の蝦夷地調査に際してである。

一七八九(寛政元)年には、松前藩から根室地方や南千島での交易や漁業に関する特許をえた商人とアイヌとのあいだに武力紛争が生じてもいる(クナシリ・メナシの戦い)。ラクスマンの蝦夷島来航は、その三年後である。これらを受け定信の幕閣は、松前・蝦夷地の幕府直轄をも選択肢にいれた検討を始めた。松前藩は、蝦夷沙汰に関する由緒と代替不可能性を主張しそれに抗する。蝦夷地の幕府直轄は、定信老中退任後、松平信明《のぶあきら》▲の幕閣による一七九九(寛政十一)年の東蝦夷地・箱館《はこだて》仮上知《かりじょうち》に始まり、一八〇七(文化四)年には松前蝦夷地一円

▼**ウルップ島**　エトロフ島の東に接する島。一七九五(寛政七)年以来、イルクーツクの毛皮商人シエリホフの部下ズベズドチョートフ率いるロシア人植民団が在住していた。このののち、ロシアによる千島経営の拠点として機能していく。

▼**松平信明**　一七六〇～一八一七。三河吉田《みかわよしだ》藩主。一七八八(天明八)年老中、九三(寛政五)年老中首座、一八〇三(享和三)年辞任、〇六(文化三)年老中首座、在任中没。一貫して蝦夷地直轄策をとり、そのため一時将軍親政派から排斥されたが、戸田老中の死去を受けふたたび幕閣を率いた。

▼ブロートン　一七六二〜一八二一。イギリスの海軍士官。チャタム号による南太平洋および北米内陸部(一七九一〜九四)、ならびにプロヴィデンス号による日本北方海域(一七九五〜九八)の探検航海にあたったことで知られる。後者の航海記録はのちに出版されている。

が上知され松前家は転封《てんぽう》となり、現実化する。幕初以来の蝦夷沙汰の松前家委任の体制は、この時期まさに改められているのである。

一方、イギリスのブロートン▲海軍中佐が東蝦夷地モロランに来航したのは、東シナ海沿いの琉球から日本列島・朝鮮半島をへて蝦夷島・サハリンにいたる正確な海図を作製するためであった。とりわけ蝦夷島・サハリン周辺は、西欧世界にとって最後のテラ・インコグニタ(地理的空白地帯)として残された未知の海域であった。オランダの弱体化に乗じて東南アジアに本格的に進出したイギリスは、産業革命をいち早く達成させ、帝国主義的な最盛期を迎えようとしていた。その射程が、日本の北方海域にもおよぼされようとしたのである。

重蔵の学問吟味及第を契機とした長崎出役とその後の蝦夷地出役は、まさにこうした世界史的な時代状況に幕府があらたな対応を迫られる、その渦中になされたものだったことが確認できるのである。

長崎での著述活動

さきにふれたように、長崎奉行手附出役としての重蔵の任務は目安方(訴訟)で

出島から入港蘭船を臨む（文政年間ごろ。川原慶賀《かわはらけいが》筆『唐蘭館絵巻』部分） 重蔵はこうした国際的雰囲気のなかで勤役した。

あった。重蔵の赴任期間にかかる長崎奉行の沙汰した訴訟の記録は、森永種夫編『犯科帳《はんかちょう》―長崎奉行所判決記録』第五巻からうかがうことができ、そこには一四五件の判決記録が含まれている（「犯科帳」第六六～六八冊）。あるいは長崎における重蔵の日々の勤役《きんやく》は、こうした訴訟の沙汰に費やされたのかもしれない。紙幅の都合上ここでは深く扱うことをしないが、一四五件のうち三一件が唐物《からもの》密売や出島隠物《かくしもの》持出し、ならびに異宗体《いしゅうてい》の勧誘など、対外貿易や邪宗門禁制《きんせい》と直接切り結んだ案件であったことは目を惹く。日常的に異国を意識せざるをえない職務環境に、重蔵がおかれていた可能性は高い。

これに関連して、長崎在勤時の仕事で注目されるのは、外国事情の取材と著述である。重蔵が長崎に在勤した一七九五（寛政七）年九月から九七（同九）年三月までのあいだに、唐船が日本の漂流民を送還してきたことが二件あった。一件は一七九五年十一月七日と同十二月十四日の入津船《にゅうしん》に便乗した奥州《おうしゅう》領民九人で、安南《あんなん》（ベトナム）から亜媽港《あまこう》（マカオ）・広東《カントン》・乍浦《さほ》（上海《シャンハイ》近郊）をへて長崎へ送還された。いま一件は一七九七年二月十八日の入津船に便乗した松前領民三人で、「韃国《だっこく》」（アムールランド方面か）から乍浦に継ぎ送られ、そこから長崎に送

▼外交文書　重蔵は、長崎奉行所所蔵の外交文書を多数写本している。東京大学史料編纂所の所蔵する近藤重蔵関係資料のうちの「外国関係書簡」全二巻は、その成果の一環である。そのなかには東埔塞《カンボジア》国からの公文書(鄭天賜《マクティエントウ》書状写)も含まれており、最古のクメール文テキストとして注目を集めている(扉上写真参照)。

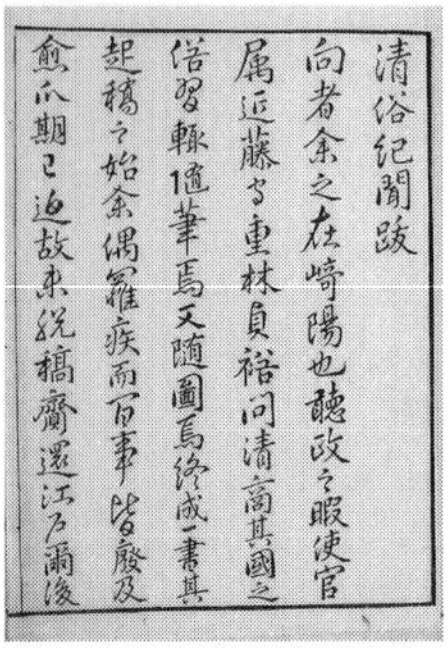
清俗紀聞跋
向者余之在崎陽也聽政之暇使官
屬近藤子重林貞裕問清商其國之
俗習輙隨筆焉又隨圖焉終成一書其
起稿之始余偶罹疾而百事皆廢及
愈而期已迫故未税稿齎還江戸爾後

『清俗紀聞』跋文　本文二行目に「近藤守重」の名がみえる。

還された(『続長崎実録大成』巻九)。後者については長崎転出直前ということもあってか重蔵との接点はみあたらないが、前者については御用として漂流民の尋問にあたっている。

その記録は一七九六(寛政八)年九月十五日に重蔵により『甲寅《こういん》漂民始末』としてまとめられ、のちに重蔵の編になる『安南紀略藁《りゃくこう》』(『近藤正斎《せいさい》全集』第一所収、内閣文庫所蔵)に、その素材となったと思われる九人の漂流民から聞きとった「説話」や、彼らに交付された安南国・清国の公文書ならびに送還唐船主口書《くちがき》翻訳とともに収録された。また同じく重蔵の編になる『亜媽港紀略藁』(同)にもそのおりの筆記が収載されている。この両書はともに幕府献納本で、重蔵の多くの著書に同じく、和漢の書籍ならびに幕府外交文書▲を博捜《はくそう》し、豊富な図像をあわせつつ精緻な考証を加えた形態をとっており、それにみずからの取材でえた情報を付加し考察を深めているのである。安南とマカオは、いずれも当時正式な通航関係のない「異国」である。未知のフィールドに関する詳細な調査筆記をもとに報告記録を作成し、公文書を含めた精緻な文献考証を加えた一書としてまとめ献納におよぶ。重蔵は、こうした分野に才能をいかんなく発揮したといってよい。

　こうした重蔵の能力は、上司である長崎奉行中川忠英の期待にそうものだったといえる。なぜなら、『安南紀略藁』などにみられるスタイルは、中川が長崎在勤中に編纂を開始した中国の民俗誌ともいうべき『清俗紀聞《しんぞくきぶん》』（平凡社東洋文庫収録、内閣文庫所蔵）にみられるもので、そのデータのインフォーマントとなった長崎駐在の清国商人への質問と筆記には、唐通詞を介し奉行手附出役の重蔵と林貞裕とがあたっているからである（『清俗紀聞』跋）。『清俗紀聞』は中川の江戸帰還後、家臣《かしん》津田永郁の校訂をへて一七九九（寛政十一）年八月に林述斎《じゅっさい》▲の序をえて、江戸の書肆《しょし》堀野屋仁兵衛《ほりのやにへえ》（翫月堂《がんげつどう》）から出版された。その価値は、中川とともに林家《りんけ》も認めたことになる。重蔵の蝦夷地踏査派遣あるいは御書物《ごしょもつ》奉行登用への途は、このように整えられつつあったといってよいだろう。

　現実の外交問題への対応という点では、重蔵は長崎勤役期間に、外交文書の編纂（「外国通書略」「外国書簡」）とともに、二つの興味深い著述の編纂に着手している。一つは『異国《いこく》標《ひょう》旗考《きこう》』（一七九六年十二月、内閣文庫所蔵）、今一つは『伊祇《いぎ》利須《りす》紀略』（一七九七年末ごろ、京都大学附属図書館所蔵）である。前者は世界各国

▼林述斎　一七六八〜一八四一。旗本。幕府儒者を束ねる林大学頭家八代。美濃岩村《みのいわむら》藩主松平乗蘊《のりもり》の三男。一七九三（寛政五）年、林家を継ぐ。幕府蔵書の整理や正史《せいし》編纂など、その主導した考証学的事業に際し重蔵と接点をもった。重蔵からの代官への転役の斡旋依頼を受け奔走するなど、両者のあいだには信頼関係があったようだ。

林述斎

の旗章《きしょう》二四〇種を収録したもので、全国の海防の実用に供することを目的とした著述であった(岡宏三「長崎出役前後における近藤重蔵」)。また、後者は日本初のイギリス史に関する専著とされ、前述のイギリス海軍士官ブロートン中佐の蝦夷地測量(一七九六年八月)に対する幕府の調査隊派遣(同十月)に刺激を受けて編纂されたという(木崎弘美「『伊祇利須紀略』と近藤重蔵」)。実際、一七九六年十二月の時点で重蔵は、尾張藩《おわりはん》の儒者《じゅしゃ》・人見璣邑《ひとみきゆう》▲とブロートン来航に関する内容の書簡を交わしている(岡、前掲論文)。あらたな状況に際会し、実用的なデータを考証学的にまとめる仕事を、重蔵は「経世之学」の実践として志したものであったろう。

人見はこの書簡において重蔵へ、この件に関する軽挙を誡《いまし》めつつ、「扨《そもそも》、崎(長崎)と蝦(蝦夷)と両輪のごとく、糾謬《きゅうびゅう》のごとく、就《つい》ては蝦夷のことかくかくと申事とも御書取《おかきとり》、中草《ちゅうそう》(書面)をもって丹州《たんしゅう》(勘定奉行久世広民《くぜひろたみ》▲)なども巻込ませ、豆州《ずしゅう》(老中松平信明《のぶあきら》)へ御出しなされ……」と勧めている。ここにおいて、長崎と蝦夷地は、対外関係の変容を体現する土地として自覚されていることが注目される。また、ここからは、人見と重蔵のあいだに、蝦夷地に関する関心が共有

▼人見璣邑　一七二九〜九七。尾張藩儒《はんじゅ》。藩の国《くに》奉行もつとめた。通称弥右衛門《やえもん》。徳川家康《いえやす》の出版した伏見《ふしみ》版を基に尾張藩で編纂・校訂・出版が行われた天明版『群書《ぐんしょ》治要《ちよう》』を一七九六(寛政八)年に長崎の重蔵に送り、清国に輸出せしめた。のちに重蔵はこの輸出につき、「中国で失われて久しい名著を再び彼《か》の地へ戻すことができたのは、実に尾張藩公のおかげである。これも、神君《しんくん》家康公のよき遺風がしからしめるところである」と評している(『右文故事《ゆうぶんこじ》』)。

▼久世広民　一七三二〜?。旗本。一七七五(安永四)年長崎奉行、八四(天明四)年勘定奉行、九二(寛政四)年関東郡代《かんとうぐんだい》兼帯、九七(同九)年小姓組番頭《こしょうくみばんがしら》、九九(同十一)年寄合、同年隠居。蝦夷地政策では直轄・開発策を是とした。

されているとともに、重蔵が蝦夷地に関する幕府への献策をすでに練っていたこともみてとれる。重蔵が長崎勤役をおえ江戸に帰った直後といってもよいタイミングの一七九七年十月付で林述斎を介して公儀に提出した海防建言書には、ロシア・イギリスの脅威とともに蝦夷地防備の急務が説かれている（『近藤重蔵蝦夷地関係史料』一）。この建言は、重蔵による公儀を舞台としたみずからの「経世之学」実践の本格的な第一歩といってよいだろう。その背景には、長崎でえられた皮膚感覚をともなった危機感や、外交に関する大局観が背景にあったものととらえられるのである。

はなしを急ぎすぎた。一七九七年三月二十九日、重蔵は同役林貞裕とともに、後役の児島弥左衛門《こじまやざえもん》・滝沢左太郎《たきざわさたろう》と交代し長崎を発ち、江戸へ向かって帰任の途に就いた（『続長崎実録大成』巻十）。往路と違い、帰路は奉行と同道しない旅路である。旅程を四五日前後とするならば、江戸帰任は五月前半であろうか。足かけ三年におよんだ長崎赴任は、重蔵の履歴に大きな転機をあたえるものであったといえるだろう。

④―勘定方転任と蝦夷地派遣

中川手附の支配勘定への異動

長崎から江戸《えど》に帰任した重蔵の身分は、長崎奉行《ぶぎょう》手附《てつけ》出役《しゅつやく》の御先手鉄炮組《おさきててっぽうぐみ》与力《よりき》であった（『近藤正斎・山田三川雲霧集』）。当時江戸在府の長崎奉行は、松《まつ》平貴強《だいらたかます》▲である。重蔵より半年ほど早く帰任した長崎奉行中川忠英《なかがわただてる》は、重蔵帰任を待たずして奉行を退任し、一七九七（寛政《かんせい》九）年二月に勝手方勘定《かってかたかんじょう》奉行に転じ関東郡代《かんとうぐんだい》をかねていた。同年五月に江戸に戻った重蔵は、さきにふれたように十月に、林述斎《はやしじゅっさい》を通じて、直轄しての蝦夷地防備を説いた海防策を公儀《こうぎ》へ建白《けんぱく》した。述斎は、重蔵が取材しのちに中川が出版することになる『清俗紀聞《しんぞくきぶん》』の命名者であり、序もよせている。長崎での仕事の延長線上に、重蔵の江戸での「経世之学《けいせいのがく》」の実践は始められたとみてよいだろう。重蔵はまた、同年十一月の識語《しきご》がある「蝦夷地図《えぞちず》」を作成してもいる（『近藤重蔵蝦夷地関係史料』付図）。ブロートンの蝦夷地来航に際してイギリスについての情報を収集整理したのと並行して、重蔵は蝦夷地に関する情報の収集整理もすでに進めていた。

▼**松平貴強**　一七四二～九九。旗本。一七八七（天明七《てんめい》）年大坂西町奉行、九七（寛政九）年長崎奉行、九八（同十）年勘定奉行兼帯、九九（同十一）年在任中長崎で没。

蝦夷地図　完成したのは蝦夷地踏査後の一七九八（寛政十）年以降と推定される。

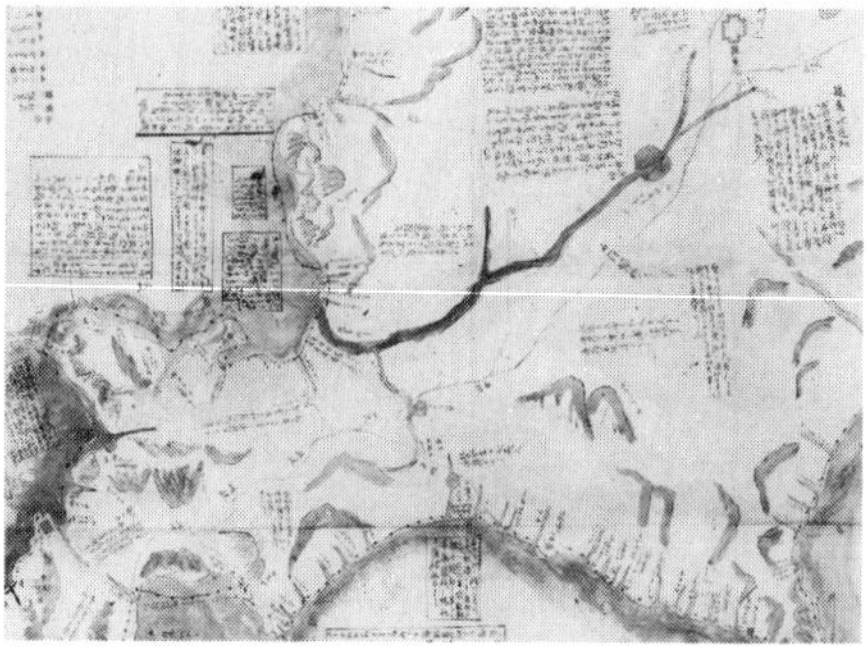

建白の二カ月後の一七九七年十二月二十一日、重蔵は江戸城躑躅間《つつじのま》において、老中から支配勘定への転任を申し渡され、同時に勘定奉行から関東郡代附出役を申し渡された。勘定奉行は四人の定員であったが、関東郡代兼任は中川一人である。この異動は、したがって中川手附としての発令とみてよい。

中川は当時、勘定奉行として関東郡代を兼帯するとともに、「長崎掛《がか》り」をつかさどっていたという記録がある(『長崎古今集覧《こきんしゅうらん》』第三巻)。中川が重蔵を手附としたのは、直接的には長崎奉行時代の奉行—手附のラインを維持し、みずからの勤役《きんやく》に資しようとしてのものだったと考えられる。藤田覚の研究によると中川は、一七九七年当時幕閣《ばっかく》を構成していた老中《ろうじゅう》戸田《とだ》氏教《うじのり》▲・同本多《ほんだ》忠籌《ただかず》▲ならびに勘定奉行久世《くぜ》広民《ひろたみ》(六月に転任)・曲淵景漸《まがりぶちかげつぐ》▲(二月に辞任)・石川忠房《いしかわただふさ》とともに、蝦夷地直轄政策を推進する勢力の一人として位置づけられるという(『近世後期政治史と対外関係』)。中川手附としての重蔵の役務は、幕府《ばくふ》の対蝦夷地政策と直接切り結ぶことを余儀なくされたのである。

おりしもこの年の七月には、ブロートンの蝦夷地再来航があった。これに対し九月に幕府は、津軽《つがる》・南部《なんぶ》両藩に警衛のため箱館《はこだて》への出兵・駐屯を命じてい

▼**戸田氏教**　一七五四〜一八〇六。美濃大垣《おおがき》藩主。一七九〇(寛政二)年老中、九六(同八)年松前御用掛《ごようがかり》兼帯、一八〇三(享和三)年老中首座《しゅざ》、在任中没。当初蝦夷地開発策をとったが、老中首座就任に際し保守派(将軍親政派)に取り込まれ、開発抑制策に転じたとされる。

▼**本多忠籌**　一七三九〜一八一二。陸奥《むつ》泉《いずみ》藩主。一七九〇(寛政二)年老中格、九八(同十)年辞任。蝦夷地直轄・開発策を一貫して主張した。

▼**曲淵景漸**　一七二五〜一八〇〇。旗本。一七六九(明和《めいわ》六)年江戸北町《きたまち》奉行、八七(天明七)年西《にしの》丸留守居《まるるすい》、八八(同八)年勘定奉行、九七(寛政九)年留守居。

▼**松前道広**　一七五四〜一八三二。松前藩主。一七六五(明和二)年家督相続、九二(寛政四)年隠居、一八〇七(文化四)年永蟄居《えいちっきょ》、二二(文政五)年蟄居赦免。松前に招いた儒者《じゅしゃ》・大原呑響《おおはらどんきょう》の著『地北寓談《ちほくぐうだん》』によりロシアとの内通が疑われた。

る。また幕府はほぼ同時に、蝦夷地防備を理由に松前《まつまえ》藩主の参勤《さんきん》をとめ、なにかと不穏な言動を弄していた隠居・松前道広《みちひろ》▲の参府《さんぷ》を命じている。当時の幕閣は、蝦夷地の動静に神経を尖《とが》らせており、なんらかの抜本的な対策を講ずる必要性をかかえていたといってよい。重蔵の異動がなされたのは、こうした状況のもとでのことであった。加えていうならば、こののち重蔵が一貫して蝦夷地直轄・開発論に基づき行動をなしていくのも、中川手附として登用されたことを前提に考えると納得されるのである。厄介《やっかい》なことに対蝦夷地政策は、幕閣内に幕府直轄・開発論(改革)とともに松前藩委任・非開発論(保守)という二つの意見が対立して存在し続け、実際の外交状況と対応しつつ複雑に推移したという政局的な側面があった。重蔵はこののち、否応なくこの政局の渦中におかれることともなっていくことになる。

重蔵の異動と禄高との関係

ここで、表1をご覧いただきながら、重蔵の役職の異動とその禄高との関係を俯瞰しておきたい。重蔵の異動した支配勘定(B)は、御家人《ごけにん》のつとめる役職

表1　近藤重蔵の役職異動と本高・足高の推移

	辞令交付年月日	役　　職	本高(家禄)	役　　高	足　高	役扶持／合力米	実収俸禄の合計
A	寛政2(1790).7.2	御先手鉄炮組与力	—(抱場)	228俵1斗7升余	—	—	228俵1斗7升余
	7(1795).6.5	同長崎奉行手附出役	—(抱場)	228俵1斗7升余	—	—	228俵1斗7升余
B	9(1797).12.21	支配勘定関東郡代附出役	100俵	100俵	128俵2斗	75俵	303俵2斗
C	11(1799).3.15	御勘定関東郡代附出役	100俵	150俵	128俵2斗	75俵	303俵2斗
	享和元(1801).12.12	御勘定	100俵	150俵	128俵2斗	—	228俵2斗
	3(1803).1.25	小普請方	100俵	100俵	128俵2斗	75俵	303俵2斗
D	3(1803).12.22	小普請方(永々御目見以上)	100俵	100俵	128俵2斗	75俵	303俵2斗
	文化4(1807).12.28	小普請方松前奉行手附出役	100俵	100俵	128俵2斗	75俵	303俵2斗
	5(1808).2.30	御書物奉行	100俵	200俵	128俵2斗	35俵	263俵2斗
	文政2(1819).2.2	大坂御弓奉行	100俵	—(持高)	128俵2斗	228俵1斗7升余	456俵3斗7升余
E	4(1821).4.15	小普請組支配(無役差控)	100俵	—(無役)	—	—(無役)	100俵(小普請金年1両差出)
F	9(1826).10.6	分部左京亮御預け(改易)	—(改易)	—(改易)	—(改易)	—(改易)	—(改易)

出典：「近藤重蔵親類書」(『大日本近世史料　近藤重蔵蝦夷地関係史料』3)，『大日本近世史料　柳営補任』5，「楓軒年譜」第29冊(森潤三郎『紅葉山文庫と書物奉行』)，「文政六年近藤重蔵自筆願書草案」(近藤重蔵関係資料)。役高・役扶持は「吏徴」(『続々群書類従』7)。関東郡代附出役の役扶持は山口静子「近藤重蔵の史料」所収略年譜によった。高・扶持の表記はすべて俵に換算して直した。

表2　重蔵の蝦夷地踏査次数と身分

踏査次数	江戸出立日	江戸帰任日	役　　職	身　分
第1次踏査	寛政10(1798).4.15	寛政11.2.26	支配勘定・関	御
第2次踏査	11(1799).3.20	12.12.12	御勘定・関	旗
第3次踏査	享和元(1801).2.20	享和元.11.27	御勘定	旗
第4次踏査	2(1802).4.5	2.12.15	御勘定	旗
第5次踏査	文化4(1807).6.15	文化4.12.8	小普請方	旗・永

備考：役職欄に「関」とあるのは，関東郡代附出役を示す。身分欄の「御」は御家人，「旗」は旗本，「永」は永々御目見以上を，それぞれ示す。

出典：「近藤重蔵勤書」(『大日本近世史料　近藤重蔵蝦夷地関係史料』3，附録2号文書)。

である。しかも、支配勘定の役高は一〇〇俵であり、老中は転役にあたって重蔵へ、その本高を一〇〇俵と申し渡した。これは、重蔵の本役であった御先手鉄炮組与力（A）の役高である現米八〇石《こく》（約二二八俵一斗七升余）の半分以下となる計算である。よって転役に際し老中は、「勤候内《つとめそうろううち》は百二十八俵二斗御足《おたし》高《だか》」を命じている（B）。二升余の加増といえなくもないが、本質は従来の禄高（A）と照らしての差額の補塡である。もっとも、重蔵は同時に関東郡代附出役を命じられ、「並之通御役扶持《おやくふち》」をくだされている。関東郡代附出役の役扶持は、一五人扶持（約七五俵）とされ、その分が勤役中の手当として実収に加わるが、それはあくまでも出役中に限定された扶持であり、家禄として保障されたものではない。

一般に足高といえば、微禄の者が高位の役職勤役中に役高に届かない分を補塡することをいうが、重蔵のケースはその逆である。むろん、御先手鉄炮組与力は本来的には抱席《かかえせき》（抱場）といって世襲御家人（譜代《ふだい》席）の就く役職ではなく、厳密にいえば現米八〇石はあくまでも役高で近藤家の家禄ではない（A）。よって重蔵の功績によって、本高（家禄）一〇〇俵の正式な世職（譜代席）の御家人に昇進したともいえる(B)。しかし、現米八〇石を事実上の家禄として抱席ながら「番代《ばんがわ》り」により世襲してきた歴史的経緯(A)からみれば、減俸という見方すら可能である。文政《ぶんせい》・天保《てんぽう》期(一八一八〜四四)に活躍した考証家・竹尾善筑《たけおぜんちく》▲がその著「即事考」巻四で重蔵の経歴にふれ、「(重蔵は)始め与力より百三十俵をさし上げ百俵と成、御譜代に列し……」と記すのは、この間の事情をよく示している(森潤三郎『紅葉山文庫と書物奉行』)。足高は、こうした近藤家の由緒に対する公儀からの配慮とみることができるが、以後この本高一〇〇俵が改められることはなかった(B〜E)。それは、旗本《はたもと》役を勤役しても(C)、正式な旗本の家として認められても(D)、そして蝦夷地踏査や書物編纂でたびたび褒賞を受けても、変わらなかった。

重蔵がその生涯に就任した役職でもっとも役高の高かったのは御書物《ごしょもつ》奉行(二〇〇俵高)であるが、それすら与力時代の役高におよんでいない。ただ、関東郡代附出役就任以降は、勤役中の役扶持や合力米《ごうりきまい》▲が加わって、それを超える扶持高をえたが、それも家禄として保障されたものではない。むしろ、無役となると本高一〇〇俵が給されるのみとなり、与力の時代におよばない扶持高に

▼**竹尾善筑**　一七八二〜一八三九。諱《いなみ》は次春《つぎはる》。幕府の有職故実《ゆうそくこじつ》に通じた考証家。西丸表《おもて》御坊主《おぼうず》をつとめた。著書に『幕府祚胤伝《そいんでん》』『類例略要集』など。

▼**合力米**　二条《にじょう》城・大坂城・大坂城の在番ならびに二条城・大坂城・駿《すん》府《ぷ》城在勤の諸奉行に支給された手当米。重蔵は大坂御弓《おゆみ》奉行在勤時に合力米八〇石を給された。臨時の遠国出役に際しても支給され、一八〇七(文化四)年の蝦夷地踏査に際し、重蔵は現米五三石余りを請け取っている。

陥る可能性すらあった（Eでそれが現実のものとなる）。重蔵は、えられた役で功績をあげ、本高（家禄）を上昇させる必要に迫られていたといってよいだろう。

　ここに、みずからの資質により転役を果たした重蔵の自負とともに、待遇上の上昇志向ならびにそれがかなえられない場合の焦燥《しょうそう》と憤懣《ふんまん》の要因が胚胎《はいたい》することになる。重蔵の残した記録や文書（「近藤重蔵関係資料▲」）を保管する東京大学史料編纂所にあって、かつてそれを整理した村田（山口）静子が、書簡を精緻《せいち》に分析するなかで、「近藤重蔵の自負と憤懣」として明確に整理した重蔵の自意識は、このような文脈のなかで読み解いていく必要があるだろう。

対蝦夷地政策のなかでの重蔵の立場

　重蔵の業績のなかで、これまでもっとも大きく注目されてきたのは、その蝦夷地踏査についてであろう。現在でも、「北方領土▲」領有の論拠として重蔵の択《えと》捉島《ろふとう》開発の事績が取り上げられるなど（内閣府北方対策本部ウェブサイト、二〇一九年七月七日閲覧）、わが国の北方統治・開発のパイオニアとして語られることが少なくない。蝦夷地各地に幕府の出先機関を設け警衛・開拓にあたることを

▼**「近藤重蔵関係資料」**　重蔵の四男守信《もりのぶ》（熊蔵）の家に伝わった古文書類。長く守信の次女富志子の夫・永沢平三郎が所蔵していたが、一九三三（昭和八）年に東京帝国大学文学部史料編纂所が「近藤重蔵遺書」として購入。約四〇〇点。一九九二（平成四）年国指定重要文化財（歴史資料）。うち蝦夷地関係の一部は『大日本近世史料　近藤重蔵蝦夷地関係史料』として翻刻刊行されている。

▼**北方領土**　第二次世界大戦敗戦にともなう日本の占領体制からの独立を定めたサンフランシスコ平和条約で日本が放棄した「千島列島」に、択捉島以南の島々は含まれないとする、政府の見解に基づく呼称。

▼**蝦夷地要害論**　重蔵の唱えた蝦夷地の防備・経営の拠点を各地におくべきとする論。一七九八（寛政十）年以降一八〇七（文化四）年までたびたび建白した。石狩川《いしかりがわ》

論じた蝦夷地要害論▲もその一つで、とりわけその中心地を内陸の平野部、具体的にいえば現在北海道第一・第二の都市である札幌《さっぽろ》周辺と旭川《あさひかわ》周辺に構想したことから、その〝先見性〟に注目がよせられることがある（『新札幌市史』第一巻、『新旭川市史』第一巻など）。このほか、襟裳《えりも》岬《みさき》付近（広尾《ひろお》―幌泉《ほろいずみ》間）の道路の開削や、日高《ひだか》地方西部・沙流《さる》川《がわ》河口への義経《よしつね》神社▲創建、高田屋《たかだや》嘉兵衛《かへえ》▲の協力をえての江戸と蝦夷地とを結ぶ太平洋航路の開発などが、〝先見性〟の実例として語られる。こうした重蔵の業績はいずれも、近代以降、現代に続く北海道開拓・開発の先駆《せんく》・淵源《えんげん》として位置づけるのに適した性格を備えている。

こうした業績をなした動機については、さきにふれたように、重蔵が幕閣にあって蝦夷地直轄・開発（改革）を旨とする勢力に連なる中川の手附であったことを念頭におく必要があるだろう。のちに重蔵が転役する小普請方《こぶしんかた》や御書物奉行を支配する立場にあって重蔵を重用した若年寄《わかどしより》堀田正敦《ほったまさあつ》も、対蝦夷地政策については改革の立場をとっていた。つまり、重蔵が蝦夷地踏査・支配の現場でなした事業や、公儀に建白した蝦夷地支配の構想のいちいちが、のちの開拓政策を先取りする性格をおびたものであったのは、当然といえば当然のことであ

筋に要害（本陣《ほんじん》）をおく構想で、当初は現在の旭川付近、のちに現在の小樽《おたる》や札幌付近を措定したことで知られる。

▼義経神社　重蔵が蝦夷地第一次踏査の帰路、一七九八（寛政十）年十一月に東蝦夷地サル場所アヨヒラに建立《こんりゅう》した「義経小祠《しょうし》」に由来する神社。祭神は源義経。義経が平泉《ひらいずみ》で滅亡せず蝦夷地に渡りアイヌの始祖神となったという伝承に基づき創建したもので、源氏《げんじ》長者《ちょうじゃ》たる徳川《とくがわ》将軍家による蝦夷地支配の正統性を主張する意図が察せられる。北海道沙流郡平取《びらとり》町に鎮座。

▼高田屋嘉兵衛　一七六九〜一八二七。淡路《あわじ》出身の廻船《かいせん》問屋。重蔵とともにエトロフ島開発にも尽力。一八〇一（享和元）年蝦夷地定雇船頭《じょうやといせんどう》・名字帯刀御免《みょうじたいとうごめん》。一八一二（文化九）年ロシア軍艦に抑留、翌年帰国、ゴローニン釈放に奔走した。

った。これら蝦夷地に関する構想や支配の実践は、重蔵の個人的見解に基づいた創見《そうけん》というよりも、中川らの政策にそう形で、実地踏査を踏まえ具体的に案出・実行されたものであったと考えられるのである。中川や堀田はみずからの政策方針の実行に有能と評価した重蔵を登用し、重蔵は支配頭《がしら》である中川や堀田の期待に応えるべく任務に精励《せいれい》した。そんな構図を、重蔵の蝦夷地踏査についての業績を評価する際にはみておくべきであろう。

重蔵の蝦夷地踏査・経営は支配頭の期待にそった成果をあげ、将軍からの褒賞をえもした。しかし重蔵の頭たちとは異なり、幕閣には従来の公儀体制の維持を是とし対蝦夷地政策については松前藩委任・非開発(保守)を主張する勢力が存在する。重蔵の精励は、それが客観的な成果であればあるほど、必ずしも報われるとは限らないのである。もっともよく知られ、顕彰の対象ともなった事績である蝦夷地踏査のなかにも、のちの破綻につながる重蔵の自負と憤懣・焦燥の構造が胚胎していることを、みなければならない。

▼「大日本恵登呂府」の建標　重蔵の従者木村謙次《きむらけんじ》の日記によると、エトロフ渡海出立前日の深夜、重蔵は不意に起きだし鉄砲を放ち、大音声で何事かを叫びうたい、さらに小刀で柱を切りつけたという。一行のなかに渡海を肯《がえん》ぜない意見があったことを背景としたものだが、異境での不安感と任務遂行がままならない焦燥感とがみてとれる。

「大日本地名アトイヤ」標柱　重蔵の建てた標柱はのちに劣化したため、一八五九(安政《あんせい》六)年に仙台藩《せんだいはん》士《し》があらたにこれを建標。一八七六(明治九)年に函館へ移された。同年撮影。現物は函館市中央図書館所蔵。

蝦夷地への派遣と富蔵の誕生

勘定奉行として関東郡代をかねた中川忠英の手附となった重蔵は、ほどなく蝦夷地への派遣を命ぜられた。重蔵の履歴でもっともよく知られる、蝦夷地踏査である。重蔵が蝦夷地に派遣されたのは、三七ページ表2に掲げるように一七九八(寛政十)年から一八〇七(文化《ぶんか》四)年にかけての、前後あわせて五度である。

五次にわたる蝦夷地踏査のうち、第一次〜第四次は連年の派遣であり、第四次と第五次とのあいだには約五年の懸隔《けんかく》がある。前者(第一次〜第四次)は、さきにふれたように直接的にはブロートンの蝦夷地再来航を契機とした踏査であり、重蔵らによる第一次踏査の復命を受け一七九九(寛政十一)年正月十六日に東蝦夷地のうちウラカワ(浦河)以東の仮上知《かりじょうち》を決定、四月十三日に版図《はんと》が松前藩から幕府に引き継がれた。第一次踏査の期間はすなわち、松前藩領下への派遣であった。重蔵の事績のうち、世上もっともよく知られるエトロフ(択捉)島タンネモイ近傍リコップへの「大日本恵登呂府《エトロフ》」の建標▲は第一次踏査の期間のうち、一七九八年七月二十七日のことである。

第二次～第四次の踏査の期間は幕領《ばくりょう》蝦夷地への派遣であり、とくに重蔵はエトロフ島掛に任ぜられ、第三次・第四次の期間は実際に同島に在勤し、その経営に尽力した。この間、第二次踏査中の一七九九年八月十二日には仮上知の範囲が東蝦夷地全域に加え箱館在（松前地東在）を含む知内川《しりうちがわ》以東に拡大、九月十一日に版図が引き継がれている。また、第三次・第四次の期間のあいだの一八〇二（享和《きょうわ》二）年二月二十三日には箱館に遠国《おんごく》奉行が新設常置され、蝦夷地奉行と称した（五月十日に箱館奉行と改称）。さらに第四次踏査中の一八〇二年七月二十四日には東蝦夷地ならびに箱館在の仮上知を改め永《えい》上知とされた。こうしてみると、第一次～第四次の連年におよんだ重蔵の蝦夷地踏査・在勤は、東蝦夷地永上知に向けての地ならしとしての役割が割りふられたものとみてよい。

ただし、第四次踏査に先立つ一八〇二年二月十日に対蝦夷地政策についての将軍家斉《いえなり》の下知がだされ、直轄―開発方針への不同意が示された。直轄は東蝦夷地のみに凍結され、積極的な開発策が改められたのである（藤田覚『近世後期政治史と対外関係』）。重蔵は直轄―開発論を明言しエトロフ「開島」を推進していたから、第四次踏査はいわば引継ぎのための派遣といえなくもない。第四次

▼エトロフ島経営　重蔵はのちに「勤書《つとめがき》」において、みずからのエトロフ経営の成果として産物出荷額が一万五〇〇〇両におよぶことになったと自讃している。この数字は、相役の山田鯉兵衛《やまだりへえ》による一八〇三（享和三）年の試算（出荷額二万二四一七両、経費一万二二五一両、純益一万一六六両）と比べても誇張とはいえない。経営は収支ベースのうえで、成功している。

▼家斉の下知　蝦夷地開発に否定的な保守勢力の中心は将軍実父一橋治済《ひとつばしはるさだ》ら将軍親政派で、従来の対外関係の枠組み維持を望む薩《さつ》摩《ま》藩らがそれに連なっていた。

▼アイヌ首長層　重蔵の対アイヌ政策は、同化政策を旨とする植《しょく》

踏査と第五次踏査とのあいだに懸隔があるのは、幕府の対蝦夷地政策の変更と連動して、重蔵がいわば排除された結果だったととらえられる。

　なお、第一次踏査になされた重蔵のエトロフ島方面の踏査報告は幕閣の「異国境」認識に影響をおよぼし、結果的にウルップ(得撫)島にいたっていたロシア人への補給を断つことで退去せしめる方針が実行された。これによりロシア人が退去することはなかったが、付随的にウルップ島以東を居住域とした千島《ちしま》アイヌとの通交が遮断されることとなった。幕末《ばくまつ》に日露和親《にちろわしん》条約で定められた千島方面の国境は、この措置が追認されたものと評価できる。これにより、蝦夷島東端やクナシリのアイヌ首長層▲の有していた中継交易者としての側面が否定される一方、第二次〜第四次踏査の期間における重蔵の経営を端緒としてエトロフが場所請負制《ばしょうけおいせい》▲に包含されると同時に千島アイヌのロシア化が急速に進むなど、この地域のアイヌ社会に大きな影響をおよぼした。

　一方、第五次の派遣は、直接的には長崎におけるレザノフとの交渉決裂後、その部下がエトロフ・クシュンコタン(サハリン島)・リイシリ(利尻島《りしり》)を襲撃した文化露寇《ろこう》事件▲(一八〇六年九月十一日〜〇七年六月五日)を契機とした踏査であ

民地《みんち》主義的色彩が濃い。一方、アイヌ首長《しゅちょう》に「遠見番《とおみばん》」という役名をあたえ、一代かぎりの措置として脇差《わきざし》・鉄砲の所持と羽織の着用を許し、二人扶持の手当を給したうえで、幕府の派遣した「日本人総《そう》督《とく》」のもとに編成するという構想を描いている。いわば郷士《ごうし》としてアイヌ首長を遇し、「武備之御手当」にあてようという大胆な構想であった(実現はしない)。

▼**場所請負制**　松前藩(幕領期には幕府)が蝦夷地の特定の地域(「場所」)における交易・経営の排他的独占権益を、運上金《うんじょうきん》の上納を条件に商人へ特許すること。

▼**文化露寇事件**　レザノフの部下フヴォストフとダヴィドフの起こした襲撃事件。エトロフでは幕府や諸藩の守備隊が敗走した。幕兵敗走の報は千里《せんり》を駆《か》け、朝廷《ちょうてい》の諮問に幕府が奉答するまでにいたり、徳川の武威に傷をつける結果をもたらせた。

った。重蔵の派遣先がリイシリであった（結果的には悪天候のため利尻渡海断念）ことからも、このことは明らかである。この事件のさなか、一八〇七年三月二十二日にサハリン南部を含む西蝦夷地ならびに松前を含む松前地西在《にしざい》（すなわち松前蝦夷地一円）の上知が決定、第五次踏査中の九月二十七日に版図を引き継ぎ、十月二十四日に箱館奉行衆が松前へ移り松前奉行と称した。上知の決定は、文化露寇の報が江戸へいたる以前である。横山伊徳によると、この時期、幕閣の交代にともなう対蝦夷地政策の変更があり、重蔵の所見をも参考に一円直轄の方針を策定したという（『開国前夜の世界』）。こうしてみると第五次の蝦夷地踏査は、幕府の政策変更を受けての重蔵の復権・再登板とみることができる。

　重蔵は第五次踏査帰任直後の十二月二十八日に松前奉行手附出役となるが、翌一八〇八（文化五）年二月三十日に御書物奉行に転役となる。以後、対蝦夷地政策に直接関与することはなかったが、外交文書の編纂に従事することになるのは、そのスタンスが時の幕閣の外交方針と一定の親和性を保っていたことを示すと横山はとらえている（同）。重蔵は一八〇四（文化元）年に、蝦夷地踏査時の見聞と文献の博捜《はくそう》とに裏打ちされた北方地理書である『辺要分界図考《へんようぶんかいずこう》』▲を著わ

▼**『辺要分界図考』**　八巻からなる、蝦夷地・カラフト・千島列島・カムチャツカ・アムールランドならびに満洲方面の地理書。詳細な地図をともなう。出典には、和漢洋の文献七八部とともに千島アイヌからの直接取材情報をも含む、当時最高水準の北方地理書。『近藤正斎全集』第一に所収。

▼**小普請方**　非役の小普請組支配とは異なり、幕府施設の営繕にあたる実質のある役職。重蔵は在任中、千駄木御鷹《せんだぎおたか》部屋の修繕・清掃御用を管掌している。

▼**永々御目見以上**　以前は旗本役を勤役すると世襲旗本として遇されたが、寛政改革を契機に旗本の数を抑制するため、とくに将軍の仰せ渡しが必要となった。のちに旗本役を三つ以上歴任することが、永々御目見以上仰せ渡しの基準とされた。

▼徳川家斉　一七七三〜一八四一。十一代将軍。一橋治済の長男。一七八一(天明元)年将軍世嗣、八七(同七)年将軍宣下《せんげ》、一八二七(文政十)年太政大臣《だいじょうだいじん》補任、三七(天保八)年将軍辞任。初政にあたって寛政改革を断行、のち実父とともに将軍親政路線をとった。重蔵の登用・排斥・改易は、いずれも家斉の治世下になされている。

徳川家斉

し、蝦夷地直轄策を論じており、改革派の閣僚はこれを評価していたのである。

さて、重蔵個人にとって蝦夷地派遣は、結果的に身分の上昇につながる業績をあげる場となった。第一次踏査直後の一七九九年三月十五日に旗本役である御勘定(一五〇俵高)に昇進、第四次踏査直後の一八〇三(享和三)年正月二十五日には同じく旗本役である小普請方▲(一〇〇俵高+役扶持一五人扶持)に転じ、同年十二月二十二日には老中戸田氏教より「永々御目見《おめみえ》以上▲」の格式が将軍から認められた旨を仰せ渡されている。すなわち、近藤家はここに世襲の旗本家として公儀に認定されたということになる。さきにふれたように家禄《かろく》(本高)こそ一〇〇俵にすえおかれているものの、家の格式は抱場の御家人から譜代の旗本に、重蔵一代の功績で上昇したことになる。そしてその功績をあげた場が、この時期に幕府があらたに対応を迫られた、蝦夷地直轄にともなう踏査・経営であったことは明白である。第五次踏査帰任直後の一八〇七年十二月十五日に重蔵は、江戸城御白書院《おしろしょいん》御納戸構《おなんどがまえ》において将軍家斉▲に謁見《えっけん》、直接踏査の成果を復命するまでにいたっている。

この間、重蔵ならびに近藤の家にとり、大きな出来事があった。一八〇五

(文化二)年五月三日に重蔵の妻(側室、のちに離縁)である梅が、男子を出産したのである。のちの近藤富蔵守真《もりざね》。重蔵守重《もりしげ》の実子惣領《そうりょう》である。つまり富蔵は、生まれながらにして譜代旗本の嫡男であったことになる。その当時、重蔵の父・右膳守知《うぜんもりとも》ならびに母・美濃《みの》は存命であった。

当時近藤家は、本高一〇〇俵に加え、守知の代までに給されていた役高(二二八俵一斗七升余)への足高と、小普請方の役扶持を加え、三〇三俵二斗を給されていた。しかし、足高と役扶持は、勤役中に限っての俸給である。重蔵は、あたえられた勤役の場で個人の資質を示すことにより、家禄上昇をめざす必要があった。当時の幕臣《ばくしん》には、代を重ねながら家禄や家格を上昇させる例が少なくない(西沢淳男『代官の日常生活』)。重蔵が惣領息子たる富蔵によせる期待が、当人の資質に厳しくおよぶことになるのは当然のことともいえた。富蔵は成長ののち、重蔵と衝突し一時越後高田《えちごたかだ》へ出奔《しゅっぽん》するにいたる。こうした衝突も、重蔵と富蔵がおかれた幕臣としての境遇がしからしめるものであったと振り返ることができそうである。

⑤—御書物奉行から大坂御弓奉行へ

御書物奉行

戸田氏教《とだうじのり》の幕閣《ばっかく》下にあって蝦夷地《えぞち》経営の現場から遠ざけられ、小普請方《こぶしんかた》を勤《きん》役《やく》した重蔵の身に変化が兆したのは、幕閣の交代にともなう対蝦夷地政策の再転換であったとみなされる。戸田の死去にともない、一八〇六(文化《ぶんか》三)年五月二十五日に松平信明《まつだいらのぶあきら》が老中《ろうじゅう》に復帰し、その首座《しゅざ》に就いたのである。

信明の幕閣は対蝦夷地政策の再検討を行い、松前藩《まつまえはん》領に存置されたままとなっていたカラフトを含む西蝦夷地と松前城下《じょうか》を含む松前地西在《にしざい》とを上知《じょうち》し、松前蝦夷地一円を幕府直轄とする方針を固め、松前家へ申し渡した(一八〇七〈文化四〉年三月二十二日)。そのさなか、前年九月にレザノフの部下により惹起《じゃっき》されたカラフト南部の襲撃・略奪事件(文化露寇《ろこう》)の第一報が江戸《えど》に届く(同四月二十四日)。これに対応すべく、蝦夷地踏査隊が編成され、重蔵は利尻島見分《けんぶん》を申し渡され、六月十五日に出立《しゅったつ》し、十二月八日に江戸に帰還した。江戸帰還直後の十二月十五日には将軍へ直接復命し、同二十八日には松前奉行《ぶぎょう》手附《てつけ》へ

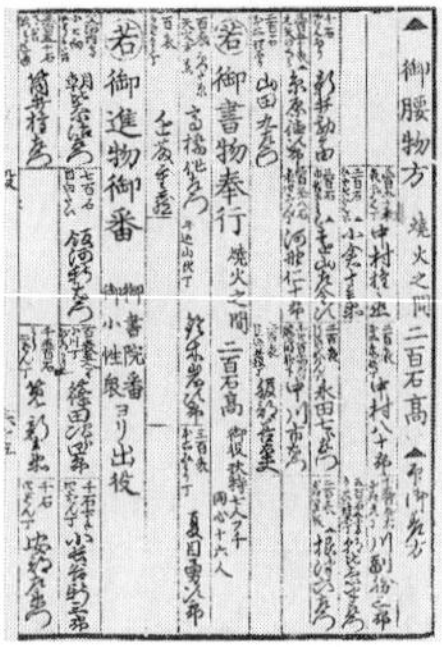
御腰物方
御書物奉行
御進物御番

『武鑑』掲載の御書物奉行近藤重蔵（一八一七年『文化武鑑』）　高橋作《さく》左衛門《ざえもん》（景保）・鈴木岩次郎《いわじろう》（白藤）らとともに、重蔵の名が刻される。

▼紅葉山文庫　「御書物」と称される将軍家所蔵図書の総称。御宝蔵構内の三つの御書物蔵に収納。管理オフィスは構内の御書物会所《かいしょ》におかれ、奉行・同心はそこへ出勤した。現在紅葉山文庫旧蔵書の多くは、国立公文書館内閣文庫ならびに宮内庁書陵部に所蔵されている。

の出役《しゅつやく》が申し渡された。松平信明の幕閣のもとにあって、対蝦夷地政策の現場への再登用とも思われる起用である。

しかしながら翌一八〇八（文化五）年二月三十日、重蔵へ御書物《ごしょもつ》奉行への転役が申し渡された。対蝦夷地政策の現場からの排除ともみえるこの異動は、しかし、御書物奉行を管掌する若年寄《わかどしより》堀田正敦《ほったまさあつ》の肝煎りでもあった。さきに述べたように横山伊徳はこの人事を閑職への左遷とはみず、幕府の外交文書の編纂に資するため、対外関係の資料に精通すると認められた重蔵をあえて御書物奉行にあてたものと解釈している（『開国前夜の世界』）。

御書物奉行は一六三三（寛永《かんえい》十）年十二月に創設された若年寄支配の役職で、重蔵の就任当時は四人の同役で勤役する体制をとっていた。殿席《でんせき》は焼火間詰《たきびのまづめ》、役高《やくだか》は二〇〇俵で、役扶持《やくぶち》として七人扶持が宛行われた。同心《どうしん》二〇人を従え、おもに江戸城紅葉山《もみじやま》の御宝蔵《ごほうぞう》におかれた御書物蔵（紅葉山文庫▲）の管理を職掌とした。『武鑑《ぶかん》』にもその名が刻される奉行職ではあるが、再三述べているように、その役高は与力《よりき》時代の役高におよばず、重蔵は相変わらずそれを補塡する足高《たしだか》を給されている。小普請方からの転役の先例はなく、重蔵がはじめてであった。

奉行の創設から重蔵の就任までの期間における転任先をみると、在任中の死や老免・病免ならびに老衰などを理由とした小普請入が圧倒的に多く(五八例中三九例)、先途のない老衰場《ろうすいば》▲としての印象は拭《ぬぐ》えない。このほかの転役先は、西丸《にしのまる》御裏門番《おうらもんばん》之《の》頭《かしら》が三例、御裏門御切手番《おきってばん》之頭・御船手《おふなて》頭がそれぞれ二例、西丸御切手番之頭・富士見《ふじみ》御宝蔵番《ごほうぞうばん》之頭・御幕《おまく》奉行・御膳《ごぜん》奉行・大坂御弓《おゆみ》奉行・御納戸《おなんど》頭・西丸奥儒者《おくじゅしゃ》がそれぞれ一例である(森潤三郎『紅葉山文庫と書物奉行』▲)。重蔵は結果的に、先例を踏襲し大坂御弓奉行に転ずることになる。

代官《だいかん》など勘定方系統での出世を望んでいた重蔵にしてみれば、御書物奉行就任時の落胆と焦燥《しょうそう》はひとしおだった。就任から二年後の一八一〇(文化七)年に草した自筆上申書《じょうしんしょ》案によると、御書物奉行の役目は閑暇《かんか》にすぎ、みずからの富国強兵《ふこくきょうへい》策をいかす場ではないとし、御船手頭や御納戸頭▲への転役の先例をあげ、御勘定吟味役《ぎんみやく》への周旋《しゅうせん》を望んでいる(村田静子「近藤重蔵の自負と憤懣」)。

その一方で御書物奉行はその職掌柄、「天学・経学・暦学・文章家などより出役・兼帯もありて……」(「明良帯録《めいりょうたいろく》」)とあるように、みずからの学知を役とする者が登用される例も少なくなかった。たとえば、奥御右筆《おくごゆうひつ》・表御右筆や評《ひょう》

▼**老衰場**　その役を最後として引退する老齢者が多くつとめた閑職の俗称。筒井政憲《つついまさのり》が晩年につとめた御槍《おやり》奉行などが有名。

▼**『紅葉山文庫と書物奉行』**　森《もり》鷗外《おうがい》の実弟・森潤三郎《じゅんざぶろう》の著。収録の「奉行伝記集成」には重蔵の伝記史料が一一二ページにわたり収録されており、重蔵伝記研究の最重要文献となっている。

▼**御納戸頭**　勘定方系統に属し、将軍の御手許品の管理・出納《すいとう》にあたる役職。代官から御納戸頭をへて御勘定吟味役に進んだ先例があった。重蔵が御納戸頭への転役に希望を託したのはそのためだろう。

定所《じょうしょ》勤役儒者・天文方《てんもんかた》・学問所勤番組頭・系図調出役の新番などから奉行へ転ずる例が認められる。青木《あおき》昆陽《こんよう》▲(評定所詰儒者)や高橋《たかはし》景保《かげやす》▲(天文方)・鈴木《すずき》白《はく》藤《とう》▲(学問所勤番組頭)らは、この例により御書物奉行をつとめている(森、前掲書)。つまり、学知を備えた旗本《はたもと》を奉行にすえる傾向が認められるわけであり、横山の指摘をあわせ考えても、重蔵の登用はその延長線上にとらえることができそうである。実際、重蔵は奉行就任後、紅葉山文庫の蔵書を十二分に活用した著述・編纂活動を精力的に進めていくことになる。すなわち、みずからの学知をいかした功績を御書物奉行の職掌であげることで評価をえて、しかるべき転役を果たすことが、この時期の重蔵の行動に関する大きな動機として考えられるのである。

しかしながら、次項で述べるような成果をあげても、なかなか思うような転役の機会はえられなかった。一八一八(文政《ぶんせい》元)年二月にはその成果をもとに、かつて蝦夷地取調御用勤役時の同僚であった高橋三平《さんぺい》▲の格別な昇進を引合いにだし、みずからへも「今少し御多用之御場所」への転役を周旋してくれるよう願っている(村田、前掲論文)。蝦夷地での功績を誇る重蔵にとって、御書物奉行

▼**青木昆陽**　一六九八〜一七六九。浪人儒者、のち旗本。『甘藷考《かんしょこう》』の著者として知られる。一七三九(元文《げんぶん》四)年御留守居《おるすい》支配新規召抱《めしかかえ》御書物御用達《ごようたし》、四七(延享《えんきょう》四)年評定所詰儒者、六七(明和《めいわ》四)年御書物奉行、在任中没。

▼**高橋景保**　一七八五〜一八二九。旗本。天文学者・洋学者。一八〇四(文化元)年天文方、一一(同八)年蛮書和解御用《ばんしょわげごよう》兼帯、一四(同十一)年御書物奉行兼帯。在任中シーボルト事件に際し一八二八(文政十一)年投獄。

▼**鈴木白藤**　一七六七〜一八五一。旗本。一八〇〇(寛政十二)年学問所勤番組頭、一二(文化九)年御書物奉行、二一(文政四)年御役御免・小普請入差控、二二(同五)年差控御免。蔵書家として知られた。

の役は、やはり必ずしも望ましいものとは観念されなかったのである。

編纂事業の周辺

重蔵は御書物奉行としての勤役に関して、たびたび紅葉山文庫蔵書を活用した書物を編纂し、献上している（五八ページ表3参照）。このうち『外蕃通書《がいばんつうしょ》』『外蕃書翰《しょかん》』は幕府《ばくふ》と異国との外交文書を集成したもので、先役との連続性をうかがうことができる。一方、『右文故事《ゆうぶんこじ》』『好書故事《こうしょ》』▲に集大成された紅葉山文庫蔵書の解題ならびに来歴を考証した一連の成果は、奉行としての勤役中に従事した蔵書目録の改訂事業ならびに貴重書の区分事業と密接に関連したものである。なお『右文故事』とは、表3にみえる一八一七（文化十四）年十一月十日に献上された六種の書物の総称であり、紅葉山文庫所蔵書物のうち将軍の座右に備えるべき書物の解題という意味をもつ。『好書故事』は、それを増補したものと目され、紅葉山文庫所蔵書物のうち善本（好ましい書物）の解題という意味をもつ。

重蔵が御書物奉行として勤役していた当時、若年寄堀田正敦と儒者（昌平坂《しょうへいざか》学問所頭取）林述斎《はやしじゅっさい》との連携により、幕府の蔵書管理体制の強化が進められて

▼**高橋三平**　一七五八～一八三三。旗本。一七九七（寛政九）年部屋住より御勘定、九九（同十一）年蝦夷地御用掛、一八〇二（享和二）年松前奉行支配吟味役、一四（文化十一）年西丸御納戸頭、一八（同十五）年佐渡《さど》奉行、二〇（文政三）年松前奉行、二二（同五）年長崎奉行、二六（同九）年新番頭、三三（天保四）年日光《にっこう》奉行、在任中没。

▼**『右文故事』『好書故事』**　重蔵の著わした幕府所蔵貴重書の解題（「御本日記附注」など）と幕府の文化事業の沿革（「御代々文事表」など）に関する考証の書。国立公文書館内閣文庫所蔵。

いた。その中心を担ったのが重蔵の先役であった奉行成島仙蔵《なるしませんぞう》▲であり、その実子である大御番格《おおごばんかく》奥詰成島司直《もとなお》▲であった。発端は徳川家康《とくがわいえやす》から秀忠《ひでただ》へ譲られた駿河御譲本《するがおゆずりぼん》▲の蔵書点検で、述斎の建言《けんげん》を堀田がいれる形で奉行に命《めい》がくだり、仙蔵がそれを担当し復命した(一七九八〈寛政十〉年十月)。この事業の延長線上に、紅葉山文庫蔵書の目録改正事業(御書目改正)が計画され、堀田は述斎の監督下に成島司直にその実務を担当させ、完成させた(一八〇五〈文化二〉年十二月)。

重蔵の奉行着任は成島仙蔵と交代しての一八〇八(文化五)年二月であるが、その翌年の二月に成島司直は御実紀《ごじっき》(『徳川実紀』▲)編纂を命ぜられている。この編纂事業も述斎の建言を堀田がいれ、司直を実務担当者にすえて開始されたものである。ちなみに成島家はその後三代にわたり御実紀の編纂に従っており、幕末《ばくまつ》にこれに従事したのは明治のジャーナリストとして名高い成島柳北《りゅうほく》▲である。越えて一八一四(文化十一)年八月に、紅葉山文庫蔵書目録の改訂事業(御書目重訂)が発足した。その中心を担ったのが、当時もっとも奉行勤役年数が長かった重蔵であった。同役には鈴木白藤(一八一二年十一月着任)、高橋景保(一八一四年二月着任)らがいた。鈴木は、漢詩文に長じた文人としても知られた人

▼**成島仙蔵**　一七四八〜一八一五。旗本・儒者。諱は峰雄《みねお》(勝雄《かつお》とも)、号衡山《こうざん》。一七八八(天明《てんめい》八)年大御番格奥詰、九五(寛政七)年御書物奉行、一八〇八(文化五)年西丸奥儒者、一〇(同七)年布衣《ほい》。

▼**成島司直**　一七七八〜一八六二。旗本・儒者。通称邦之助《くにのすけ》、号東岳《とうがく》。御実紀編纂の功にて一八四一(天保十二)年御広敷用人次席格図書頭《ずしょのかみ》。四三(同十四)年御役御《おやくご》免《めん》・隠居・謹慎。

▼**駿河御譲本**　駿府《すんぷ》城で隠居中に没した徳川家康の旧蔵書の総称。江戸の将軍家ならびに尾張《おわり》家・紀《き》伊《い》家・水戸《みと》家に分与された。将軍家では紅葉山文庫に保管した。

▼**『徳川実紀』**　江戸幕府の正史《せいし》。徳川家康から家治《いえはる》までの将軍列伝の形式をとる。一八〇九(文化六)年起稿、四九(嘉永《かえい》二)年献上。徳川将軍家の治世下には御実紀と称された。活字化されたものに、新訂増補国史大系版がある。

物である。高橋は当時洋学《ようがく》の第一人者で、のちにシーボルト事件▲に連座したことでも知られる。重蔵を含め、学知に長《た》けた奉行の配置と蔵書目録改訂事業発足との因果関係を読みとることができるだろう。また、この事業が若年寄から御書物奉行へ命ぜられた際、林述斎と相談すべきことを達せられている。享和度の御書目校正事業に引き続き、御実紀編纂事業と並行する形で述斎が紅葉山文庫の蔵書管理に深く関与していることも指摘できるのである。

　重蔵以下の奉行と述斎はこの事業に際し、新規の企画を若年寄に上申している。それは、紅葉山文庫蔵書の目録作成と同時に、蔵書の区分をなし、貴重書と認められるものには相応の保管体制を措置すべきという計画であった。その基準は、徳川家康を筆頭とする代々の将軍の「御前本《ごぜんぼん》」を最上位とし(御大切之品《おたいせつのしな》柄《がら》)、その下に「急度致候《きっといたしそうろう》」正しい書物類(御用立候品《ごようたちそうろうしな》)をおき、それ以外の偽書や不正の書物(無益之品《むえきのしな》)と区分する、というものである。述斎がさきに駿河御譲本の蔵書点検を建言したのも、こうした事業の伏線としてとらえられるだろう。将軍の威光を文事《ぶんじ》のうえでも整序していこうという述斎の意図の一環として、この事業は位置づけられるのかもしれない。

▼**成島柳北**　一八三七〜八四。旗本・文筆家。一八五六(安政《あんせい》三)年奥儒者、六三(文久《ぶんきゅう》三)年御役御免、六八(慶応《けいおう》四)年外国奉行。維新《いしん》後『朝野《ちょうや》新聞』主筆。

▼**シーボルト事件**　一八二八(文政十一)年に起きた事件。出島《でじま》オランダ商館付医師シーボルトが、幕府天文方兼御書物奉行高橋景保から日本地図を譲られたことがとがめられ、高橋は獄死(没後死罪)、シーボルトは国外追放となった。

若年寄はこの上申を裁可したが、問題はこの基準で紅葉山文庫蔵書に含まれる書物一点一点を評価・区分するためには、そのそれぞれに関する考証が必要となってくることである。重蔵はこの課題に積極的に取り組み、さきにみた『右文故事』六種に結実する成果を一八一七年十一月までに達成した。『右文故事』とは、さきにふれた蔵書区分の最上位に位置づけられる「御大切之品柄」を対象とした解題の書である。これは、述斎の企図の範囲内の成果ととらえられ、公儀《こうぎ》に褒せられてしかるべきものであった。

しかしながら重蔵はここでも、一つの逸脱をなしている。一八一六(文化十三)年十二月に御書物奉行は若年寄へ、考証の結果の評価区分を策定し、その実行の可否に関する伺書を三通だしている。その結果、金沢本(金沢文庫旧蔵本)・宋元槧本《そうげんざんぼん》(版本)・北条《ほうじょう》本東鑑《あずまかがみ》・駿河御譲本・慶長《けいちょう》植字板《しょくじばん》(伏見《ふしみ》古活字《こかつじ》本《ぼん》▲)ならびに享保新写校合本《きょうほうしんしゃきょうごうぼん》を貴重書とし、それぞれ書架を分けて所蔵することとなった。その際重蔵は、重蔵単独の名義で「慶長植字板出所書付《しゅっしょかきつけ》」を若年寄に上申し、八種の版本の解題を記しているが、そのうちの『貞観政要《じょうがんせいよう》』『東鑑』・武経七書《ぶけいしちしょ》▲については記述を欠いている。それは、当時この三種が紅葉山

伏見古活字本『貞観政要』

▼**伏見古活字本**　伏見版ともいう。徳川家康が伏見円光寺《えんこうじ》で出版せしめた木活字版の書物。『孔子《こうし》家語《けご》』『貞観政要』など八部八〇冊。

▼**武経七書**　中国古典の七種の兵法書の総称。『孫子』『呉子』などが含まれる。

文庫に所蔵されていなかったためである。その欠を補うために、重蔵はこの年の十一月六日にみずからの所蔵するこの三種を献上し、十二月三日に銀二〇枚を賞与されている。いわば、将軍の座右に備えるべきと判定された家康ゆかりの貴重書を、一旗本である重蔵個人の蔵書が補った形である。しかも、その判定基準を定めたのは重蔵本人である。見方によっては、将軍権威の中枢に、役務とはいえ学知にひいでた御書物奉行の恣意が介在しかねない構図である。

このように重蔵は、その従事した目録編纂・蔵書評価事業を通じ、徳川の権威にともすれば抵触するような動きをみせた。それはみずからの望んだ立身へ通ずる評価とは正反対の印象を周辺に残すこととともなったのである。

蔵書家として

さて、重蔵が精力的に蔵書校訂をなしえた背景には、役務を離れた、学問や文壇を通じた交友関係があった。大田南畝《おおたなんぽ》によると、御書物奉行在役時に重蔵は、例年二月八日に花月社《かげつしゃ》と称する「古器物展玩の会」を開いていたという。出品者には、屋代弘賢《やしろひろかた》・狩谷棭斎《かりやえきさい》▲・青山堂平々《せいざんどうへいへい》▲ら当代一流の文人の名がみえる

近藤正斎《せいさい》蔵書印

▼**狩谷棭斎**　一七七五〜一八三五。考証学者。江戸の町人《ちょうにん》の家に生まれる。蔵書家としても著名。終生在野の学者として活躍。重蔵の『好書故事』編纂にも協力した。『本朝度量権衡攷《ほんちょうどりょうけんこうこう》』『日本現在書目証注稿《にほんげんざいしょもくしょうちゅうこう》』など緻密な考証に基づいた著書多数。

▼**青山堂平々**　一七七三〜一八三八。江戸の町人・狂歌師《きょうかし》。通称雁金屋清吉《かりがねやせいきち》。枇杷麿《びわまろ》とも号した。歌集に『風流水揚帳《ふうりゅうみずあげちょう》』など。

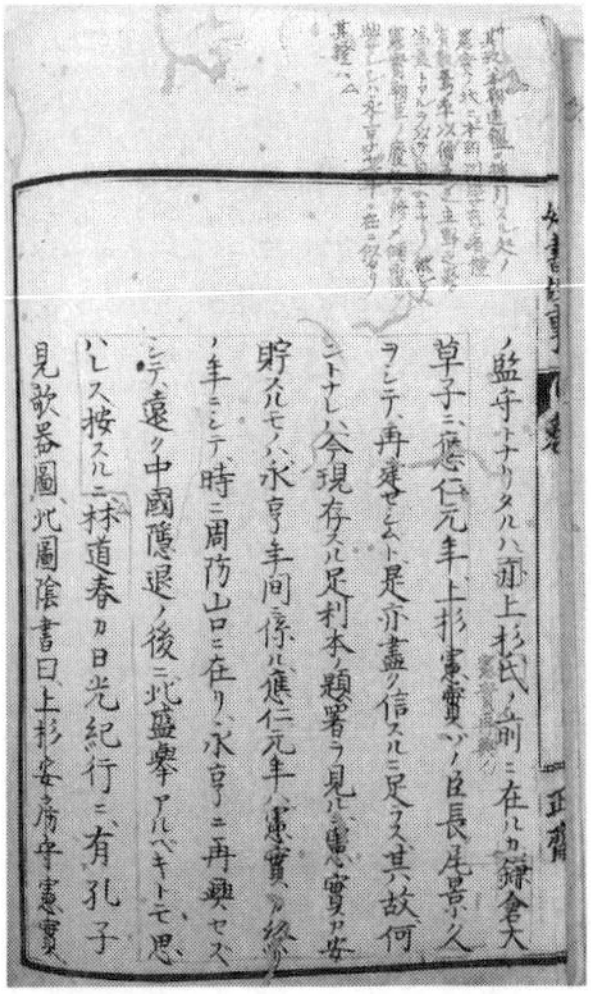

『好書故事』の校正　自筆書入れの多い稿本で，編纂中途であったことがわかる。

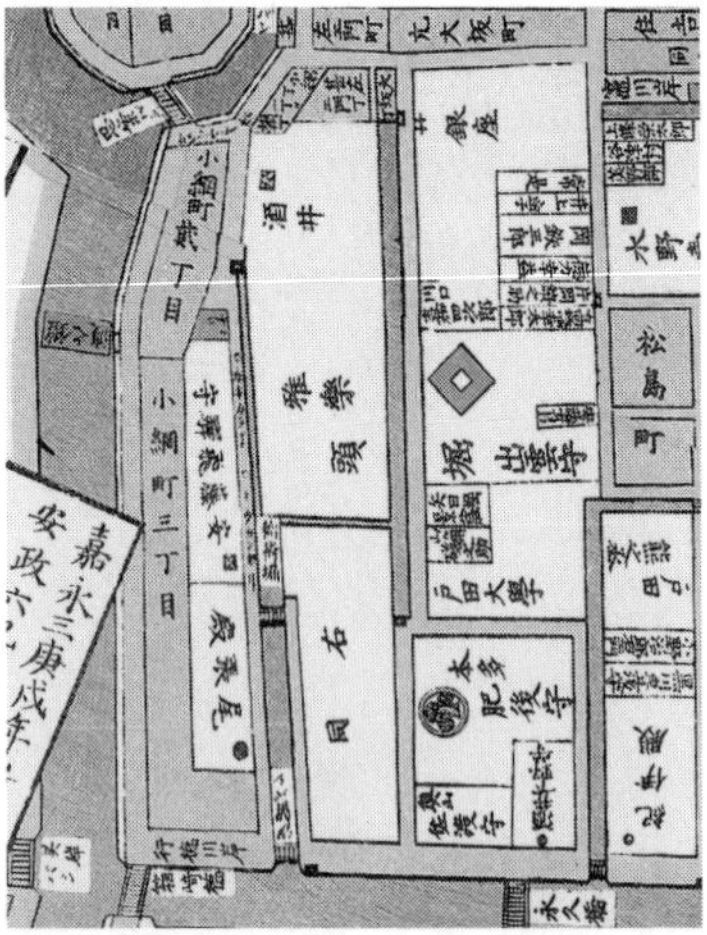

蠣殻町切絵図　重蔵の拝領屋敷は，図中上端部，「銀座」と記された一画にあった。1824（文政７）年に銀座御用地（蠣殻銀座）に編入，替地となった。

表３　御書物奉行在任時における書物編纂・献上一覧

年 月 日	種　別	書　物　名	賞　与
文化９.12.21	編纂書献上	近藤重蔵編『金銀図録』７冊	同12.25拝領物（銀10枚）
10.12.16	所持書差上	朱熹編『五朝名臣言行録』	同12.25被下物（銀５枚）
12.11.16	所持書差上	謝畳山編『文章軌範』	同11.16被下物（銀７枚）
13.11.６	所持書差上	伏見古活字本武経七書７冊	同12.３被下物（銀20枚）
		同『貞観政要』10冊	
		同『東鑑』51冊	
14.11.10	編纂書献上	近藤重蔵編『御本日記附注』３冊	同12.27被下物（銀10枚）
		同編『御本日記附注続録』３冊	
		同編『御写本譜』２冊	
		同編『御代々文事表』５冊	
		同編『御代々御詩歌』２冊	
		同編『勅本考』１冊	
文政２.10.19	編纂書献上	近藤重蔵編『外蕃通書』28冊	同10.20拝領物（銀15枚）
		同編『外蕃書翰』２帖	
２.11.20	編纂書献上	近藤重蔵編『右文故事』30巻	（出来次第献上）
２.11.20	編纂書献上	近藤重蔵編『憲教類典』1000巻	（中清書にて追々相伺候様）
		同編『宝貨通考』30巻	
		同編『辺要分界図考』15巻	
		同編『外蕃通書前編』10巻	
		同編『外蕃通考』30巻	
９.５.—	編纂書献上	近藤重蔵編『好書故事本編』85巻	
		同編『好書故事附録』20巻	
		同編『好書故事目録』１巻	
		同編『好書故事引援書目』１巻	

出典：「近藤重蔵勤書」（『大日本近世史料　近藤重蔵蝦夷地関係史料』３），「好書故事目録」（『近藤正斎全集』３）。

（「一話《いちわ》一言《いちげん》」）。江戸の学芸の世界で、重蔵は確固たる地歩を占めていたといってよいだろう。

ただし、こうした交流は学芸や文壇の世界にとどまっていたわけではなかった。御書物奉行在役中の一八一五（文化十二）年十一月五日に、同役の鈴木白藤が大田南畝らとともに重蔵の屋敷を訪問した記録がある（市島謙吉「近藤重蔵の半生（坤）」所載鈴木白藤「夢蕉録《ぼうしょうろく》」）。当時重蔵は、駒込鶏聲《こまごめけいせい》ヶ《が》窪《くぼ》の与力組屋敷をでて、あらたに拝領した大川端蠣殻《おおかわばたかきがら》町（現、日本橋人形町一丁目）の屋敷に居を構えていた。当時一一歳の富蔵に、一行はあっていただろうか。重蔵はこれよりさきの一八〇八（文化五）年、富蔵の実母である梅（大御番組上原《うえはら》氏）を離縁し、後添えに日野大納言落胤《ひのだいなごんらくいん》と噂《うわさ》される雅楽姫《うたひめ》を迎えていた（『八丈実記《はちじょうじっき》』四）。

白藤らの訪問の目的は、重蔵に『好書故事』の校正に誘われたからであった。白藤が訪問した時点で、さきに到着していた南畝はすでに校正に着手していたという。重蔵は、『好書故事』の原稿を自邸におき、校正作業にあたっていたわけだが、同役の白藤はともかく、南畝は高名な文人ではあったが身分は一介の御勘定である。『好書故事』は、さきにふれたように紅葉山文庫所蔵善本の解題であり、そのなかには『右文故事』所載本など徳川の権威に直結する書物のそれを含んでいる。重蔵はその校正に、役務を超えた文壇の世界における「同志之者」の協力をあおいでいるのである。

重蔵にとってみれば当代一流の学知を有する人材を参与させることは、より精確な校訂・編纂を期することができ、延《ひ》いてはそれが公儀のためになるとの判断をしたものと考えられるが、しかしそれは公私の別を弁《わきま》えない仕儀と判断されても仕方のない行為であった。学問的水準の担保と公儀の文庫を管理するという役務とのはざまに重蔵は立たされていたわけだが、その軸足はどうも前者に傾いていたようである。

鈴木白藤は、さきにふれた記録に擁書城《ようしょじょう》と称した重蔵の書斎のようすを、次のように述べている。

……擁書城席を並ぶる事五十畳余、四百の尺余《しゃくよ》の棟けやき（欅）にて、柱は皆々尺角《しゃくかく》也、広き事一望する也、二階は少《ちいさ》く狭《せま》く、二十六七畳を敷《しく》べし、二階四方張附《はりつけ》蝦夷地・天草・ヱトロフ（択捉）・チヤ〳〵ノボリ（爺々ヌプリ）・イルコウツカ（イルクーツク）・石狩・天塩川《てしおがわ》の図をゑがく（描）、□の写真の唐紙《からかみ》・足利時代の卓《たく》・亀井六郎が所

> 持せると同物なる蝦夷にて得し笈《おい》をかざる、経筒《きょうづつ》は□□年中の物、マガ（勾）玉十余、其余珍玩不暇数《そのよちんがんかずにいとまあらず》、姑略不書《ことごとくりゃくしてかかず》、天井龍をすり（摺）たる好みの張つけ、床《とこ》の間《ま》は鹿と桜花とをすり（摺）たる好みの張附也、二階の床二間に七八尺もあらん、山の松の皮一枚にて張たる、実に壮観驚目《きょうもく》、予と小（小野）・山（山内）に二子《し》、瞠目《どうもく》して茫然《ぼうぜん》たり……

五〇畳敷の一階書庫と、二六～二七畳敷の二階物品陳列室。白山義学《はくさんぎがく》の規模をさらに大きくした格好で、蔵書家・好事家《こうずか》の面目躍如である。御書物奉行勤役時の重蔵は、たしかに江戸の文人世界の中心軸の一端を担っており、それをみずからの役務に活かすことを実践していたのである。

水野忠成の幕閣成立と大坂転役

重蔵は、白藤や景保のように御書物奉行在任中に譴責《けんせき》をこうむることはなかった。ただし、転役先は大坂御弓奉行であった。この人事はしばしば、重蔵の振舞いに応じた左遷と評価されることが多い。よって、転役にいたる経緯を確認してみることにしたい。

重蔵が大坂御弓奉行に転役を命ぜられた一八一九(文政二)年の前年、一八(同元)年の八月に、幕閣の交代があった。改革派の老中首座松平信明の死去を受け、保守派(将軍親政派)の勝手掛老中格《かってがかりろうじゅうかく》であった沼津《ぬまづ》藩主水野忠成《みずのただあきら》が老中首座に昇進し、幕閣を構成したのである。これにともない、この年のうちに改革派であり常に重蔵を引き立ててきた若年寄堀田正敦が勝手掛を解かれ、政策決定のラインからはずされた(若年寄にはとどまる)。

水野の重蔵観を示す記録がある。近臣《きんしん》の記した水野の言行録『公徳弁《こうとくべん》』がそれである。『公徳弁』の著者は、重蔵を堀田の「御眼鏡《おめがね》」にかなって召しだされた人物と認識している。そのうえで、重蔵の言動はだいたいにおいてゆきとどいており、その勢いも盛んであったが、水野は若年寄勤役中(一八〇六〜一二〈文化三〜九〉年)、重蔵の上申をことごとく退けてきたと記す。また、のちに重蔵の死後、水野は重蔵を評し、「彼れは小人《しょうじん》の学問したるにて、おのれが役にてもなき諸役人の事を種々に悪評して、重き御役人衆を惑乱せしむ」と断じ、水野自身は最初から重蔵の上申を聞き流していたので落度《おちど》はなかったが、「彼(重蔵)が申し出るなかには、これは、と思うことあるゆえに」、驚いてそれを採用したために、結果的に落度となった人も多かった、と振り返り、かような「不届もの」が、よくぞ首を刎《は》ねられずに死ねたものだ、と語ったとも記す。

つまり、水野は御書物奉行を監督する若年寄勤役中から、重蔵の言動を快く思っていなかった。その理由は、本来は身分の低い「小人」であったはずの重蔵が堀田に抜擢され、政道に口出しを始めたことにあったようだ。白山義学設立以来、身分によらず学問により人材を登用すべしと論じ、改革の潮流に乗ってそれを実践してきた重蔵のスタンスとは、真向《まっこ》うから対立する認識である。重蔵の望んだ勘定吟味役方面への登用は、水野の幕閣では望むべくもなかったといえよう。大坂への転役は、重蔵の政道への関与を忌避する水野の幕閣による江戸殿中からの排除という側面が、やはり濃いものとみるべきであろう。

一八一九(文政二)年二月に、重蔵は大坂転役を申し渡された。ただし、すぐには発向せず、すでに手がけていた『外蕃通書』『外蕃書翰』を完成させ、『徳川実紀』編纂に資するために成島司直からの出役同心を指揮し進めていた『憲教《けんきょう》類典《るいてん》』の増補改訂に区切りをつけたうえで、同年十月二十日に老中奉書《ほうしょ》の発給がなされ、大坂へ赴任したのである(表3参照)。

⑥—大坂御弓奉行罷免と槍ヶ崎事件

大坂御弓奉行——富蔵と重蔵の確執

重蔵が大坂に転役となった一八一九(文政《ぶんせい》二)年の三月、一五歳となり元服《げんぷく》をすませた富蔵は、江戸《えど》城《じょう》本丸《ほんまる》山吹間《やまぶきのま》で将軍家斉《いえなり》に、同西丸《にしのまる》大広間で世嗣家《せいしいえ》慶《よし》にそれぞれ御目見《おめみえ》を果たし、番入《ばんい》り願(役職登用願)を差しだしている。永々御目見以上の旗本惣領《はたもとそうりょう》としてのスタートを切った形である。

しかしこれは重蔵への大坂転役申渡しの翌月であり、その年の十月、富蔵は父・重蔵に従い江戸を発足《はっそく》、十一月八日に大坂城の西側、追手口に面する御濠《おほり》端《ばた》の御弓奉行《おゆみぶぎょう》屋敷にはいった(現、大阪市中央区大手前《おおてまえ》二丁目付近)。富蔵によると、重蔵はこの屋敷に惣領富蔵に加え長女の近《こん》・用人一人・若党《わかとう》二人・小者《こもの》三人ならびに妾《めかけ》一人・下女《げじょ》一人とともに居住したようである(『八丈実記《はちじょうじっき》』四所載「近藤正斎守重《せいさいもりしげ》老人行状略伝」)。次男の賢蔵《けんぞう》と次女の藤《ふじ》は、重蔵の叔父で当時松《まつ》前《まえ》奉行支配調役《しらべやく》をつとめていた三浦義十郎《みうらぎじゅうろう》▲方(在江戸)にあずけての赴任であった(「親類書」)。

▼**三浦義十郎**　御家人、のち旗本。重蔵の母方の実家・備後福山《びんごふくやま》藩士藤田家から三浦家へ養子にはいる。松前奉行支配調役・御畳《おたたみ》奉行などをへて一八三一(天保《てんぽう》二)年御鉄炮玉薬《ごてっぽうぎょくやく》奉行。下谷長者町の屋敷に改易後の重蔵遺族をあずけられた。

▼**六役奉行**　大坂定番支配で大坂城に勤務する奉行職。破損・弓・鉄炮・具足・金・蔵の六奉行があり、それぞれ同心を率いて勤役した。

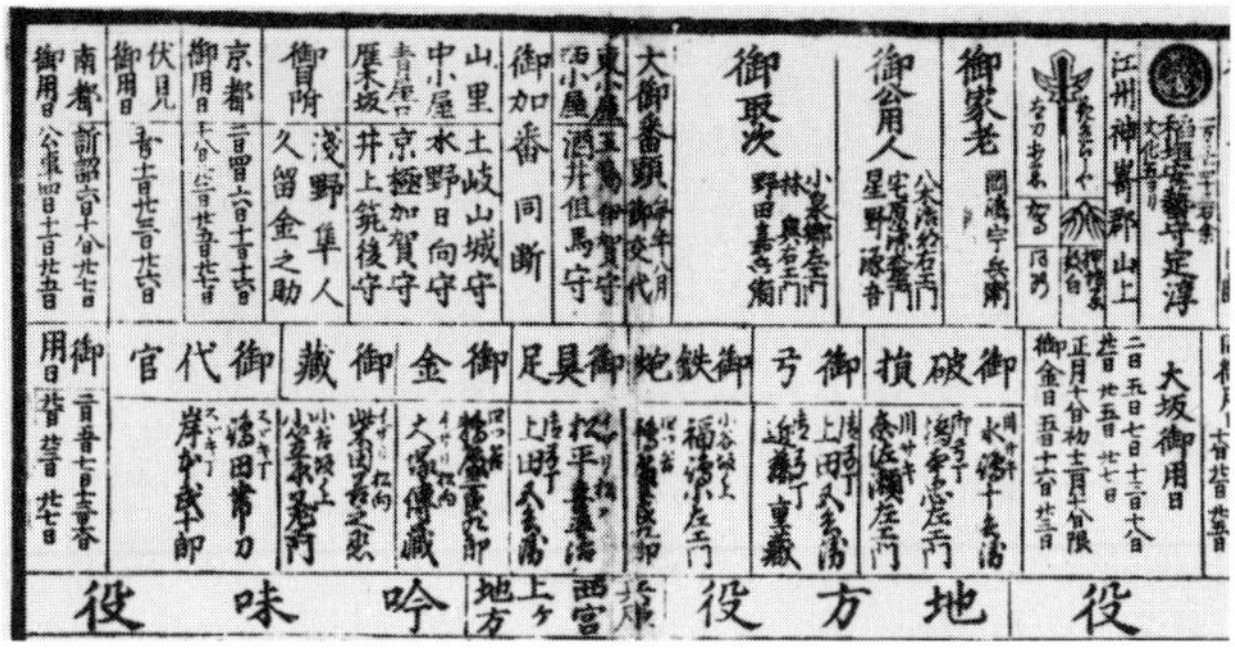

「浪華御役録」にみる大坂御弓奉行　近藤重蔵（一八一一〜一九年）　大坂の書肆《しょし》の版行した城代以下大坂在勤の幕臣一覧。

大坂城には大坂城代《じょうだい》（一人）のもとに大坂定番《じょうばん》（二人）がおかれ、城郭《じょうかく》の守衛の責任を分掌していた。その指揮下に東西大番頭《おおばんがしら》がすえられ、加番《かばん》として四人の大名《だいみょう》が配置された。大坂は江戸に比べて武家《ぶけ》の影の希薄な都市で、城下《じょうか》に常駐する大名は以上に限られていた。

定番のもとに、「地役《じやく》」と称される大坂城に詰める旗本役の奉行職が六つあり（六役《ろくやく》奉行）▲、その一つが大坂御弓奉行であった。このほかに、老中《ろうじゅう》直属の遠国《おんごく》奉行として東西大坂町《まち》奉行があり、また大坂目付《めつけ》と大坂御船手《おふなて》ならびに鉄砲方《てっぽうかた》があり、さらに上方幕領《かみがたばくりょう》を沙汰《さた》する代官《だいかん》が派遣されていた。これらもまた旗本役である。このそれぞれの役務の遂行については、その家臣《かしん》や附属の手附《てつけ》・与《よ》力《りき》・同心《どうしん》・足軽《あしがる》・手代《てだい》などが従事した。これに加え、諸藩がおいた蔵屋敷に詰める藩士《はんし》がいた。藪田貫によると、これら大坂の武家人口は八〇〇〇人におよんだという（『武士の町大坂』）。文政初年に人口三七万人を数えた巨大都市大坂を支配した武家社会にあって、その中枢に連なる一端を、重蔵は占めたことになる。

しかしながら、大坂御弓奉行の日常の職掌は文字どおり城内の弓矢《ゆみや》や槍《やり》の維持管理であり、重蔵の学知を必ずしも必要とする役務とはいえず、また、それをいかした功績を示す場ともいえなかった。奉行の定員は二人、相役《あいやく》とともに一〇人の組同心を支配しての勤役《きんやく》であった（「吏徴《りちょう》」）。村田静子によると、重蔵はのちに大坂御弓奉行の勤役を振り返り、「一か月にわずか三日御櫓《おやぐら》見廻り御武器数取調べをするだけで、他に何の御用もない。私の蝦夷地《えぞち》での働《はたらき》にくらべれば、実に隙《ひま》な勤め」であった旨を書き残している（村田、前掲論文）。白山義学《はくさんぎがく》時代に志し、長崎や蝦夷地でそれを実際に試みた「経世之学《けいせいのがく》」の実践を行う余地は、ここにはなかったとみてよいだろう。

よって大坂時代の事績として語られるのは、勤役に関連するものは皆無である。大坂東町奉行の組与力であった陽明学者大塩平八郎《ようめいがくしゃおおしおへいはちろう》▲をはじめとする文人と盛んに交友をなしたり（「醇堂叢稿《じゅんどうそうこう》」）、役宅に大坂城へ向かって高楼を構えたり、あるいは堂上《とうしょう》公家《くげ》（羽林家《うりんけ》）千種有条《ちぐさありえだ》▲の娘・田鶴姫《たづひめ》をその雑掌《ざっしょう》の娘と称し妾となしたことなど、いずれも私事に発するものである（『八丈実記』四）。一説には、大坂城郭内の土を売ったことが問題とされ、御役御免《おやくごめん》におよんだともいう（喜《き》多村筠庭《たむらきんてい》「ききのまにまに」）。また、無断で大坂城下を離れ、有馬《ありま》温泉に外泊し

大塩平八郎

▼**大塩平八郎**　一七九三～一八三七。大坂東町奉行組与力、陽明《ようめい》学者《がくしゃ》。一八〇六（文化三）年ごろ出仕、三〇（天保元）年辞任。家塾《かじゅく》洗心洞《せんしんどう》で教育・研究に従事。一八三七（天保八）年、飢饉《ききん》に際し救民を掲げ武装決起するも、鎮圧される（大塩平八郎の乱）。

▼**千種有条**　一七六三～一八一三。公卿《くぎょう》。村上源氏《むらかみげんじ》。家禄一五〇石。正二位権大納言《しょうにいごんだいなごん》。重蔵在坂中の当主は次男有功《ありこと》。

たことがとがめられたともいう(村田、前掲論文)。いずれにせよ、重蔵の重ねた先例を逸脱した異例な振舞いは公儀《こうぎ》の忌避《きひ》するところとなり、「御役不相応《おやくふそう》」を理由に役儀が召しあげられるにいたったのである。

罷免は一八二一(文政四)年四月のことであり、大坂勤役は二年に満たない期間であった。重蔵は江戸に召喚されることとなり、差控《さしひかえ》を命ぜられ、改易《かいえき》はまぬがれたものの近藤家は永々《えいえい》小普請入《こぶしんいり》▲(非役《ひやく》)とされたのである。重蔵の名代《みょうだい》としてその命《めい》を受けたのは、重蔵の母方の従姉妹《いとこ》の夫で富蔵の妹・藤の舅《しゅうと》でもある表御右筆《おもてごゆうひつ》・浜田三之丞《はまださんのじょう》▲であった。

そのころ、富蔵は重蔵とのあいだに確執をかかえていた。富蔵の回顧するところによると、重蔵は富蔵の出生を妾腹を理由に喜ばず、祖父右膳《うぜん》・祖母美濃《みの》のとりなしにより間引《まび》きをまぬがれたと認識しており、幼少時には父・重蔵と席を同じくすることにもたえられなかったという。重蔵に従い大坂に赴いたのちもこうした確執は継続し、富蔵は一八二〇(文政三)年五月の末に出奔《しゅっぽん》、とらえられ六月一日から十月十七日まで大坂での近藤家菩提所である東本願寺末天《ひがしほんがんじまってん》満鈴鹿《ますずか》町本教寺《ほんきょうじ》にあずけられている(『八丈実記』四)。また、富蔵はこのころ家

▼**小普請入**　旗本や御家人が非役となり小普請組支配となること。老衰や病気、譴責《けんせき》などが理由とされた。譴責の場合は加えて差控が命ぜられるのが通例。非役ではあるが幕府施設の修繕を担う名目で、小普請金が課せられた。

▼**浜田三之丞**　一七六八～?。旗本。諱《いみな》は恒久《つねひさ》。一七九六(寛政《かんせい》八)年表右筆。養子惣領三次郎(一八一〇～?)の妻が重蔵の次女・藤。三次郎は一八三六(天保七)年表右筆、三九(同十)年家督、四二(同十三)年西丸奥右筆、五六(安政《あんせい》三)年西丸切手番之頭《きってばんのかしら》、六二(文久二)年辞任。

の金子《きんす》をもちだし京坂《けいはん》で遊興のうえ四国へ出奔しようとしたところを取り押さえられ、惣領除《のぞき》はまぬがれたものの重蔵により慎《つつし》みを命ぜられたとされる書面が残っている（「近藤守重事蹟考」）。

重蔵罷免召喚にともない富蔵も江戸に戻ったが、永々小普請入（非役）とされた措置は富蔵にもおよび、さきに公儀に提出していた番入り願は当然無効となる。富蔵は「世を憂き事」と悲観し、「発心《ほっしん》の志し（＝仏門《ぶつもん》への帰依《きえ》の志願）」を催してまたもや出奔したが、重蔵はこれを追わずに勘当《かんどう》した。出奔の背景には、大坂本教寺での謹慎中に見初《みそ》めた女性との婚姻を重蔵に許されなかったこともあったという。

富蔵は出奔後、江戸での近藤家菩提寺である東本願寺末駒込西善寺《こまごめさいぜんじ》の縁を頼り、一八二二（文政五）年八月に越後国高田《えちごのくにたかだ》城下寺町《てらまち》（現、上越《じょうえつ》市寺町）の浄土真《じょうどしん》宗 仏光寺門跡《しゅうぶっこうじもんぜき》の掛所《かけしょ》である高雲山最勝院性宗寺《こううんざんさいしょういんしょうしゅうじ》（和田御坊《わだごぼう》）▲にはいり、院主《いんじゅ》の周円法師《しゅうえんほうし》から「浄土真宗安心《あんじん》」を学ぶこと四年におよんだ。出家《しゅっけ》はしなかったようだが、「不二一治《ふじのかつじ》」という変名を用いたという（『八丈実記』四）。勘当を受けたとはいえ、旗本惣領の身分を憚《はばか》ってのことであろう。たび重なる出奔と寺入

▼**和田御坊**　浄土真宗仏光寺派の寺院。越後高田（現、新潟県上越市）に所在。高雲山性宗寺と号す。一二三二（貞永《じょうえい》元）年開基《かいき》。一六七三（延宝《えんぽう》元）年仏光寺派に編入。富蔵の師事した周円法師は一八一八（文政元）年住職入院《じゅいん》、二五（同八）年没。

正受院（東京都北区滝野川）

近藤重蔵石像背面刻文

りは、旗本身分からの文字どおりの逸脱である。父・重蔵とは異なる、富蔵の実践する逸脱の形は、こうして示されはじめたのである。

小普請入差控——重蔵の自負と憤懣

江戸へ召喚され小普請入差控を命ぜられた重蔵は、大川端蠣殻町《おおかわばたかきがらちょう》の拝領屋敷を銀座《ぎんざ》御用地に召し上げられ、替地を巣鴨庚申塚《すがもこうしんづか》にくだされたが、そこには居住せず、御書物奉行時代に抱《かかえ》屋敷としていた目黒槍ケ崎《めぐろやりがさき》（武蔵国荏原《えばら》郡三田《みた》村）の別邸を、新地《しんち》奉行（屋敷改《あらため》）の見分《けんぶん》をすませたうえで本邸とすべく整備を進めていた。その一方、王子滝野川《おうじたきのがわ》（武蔵国豊島《としま》郡滝野川村）正受院《しょうじゅいん》横の地を買得し、擁書城《ようしょじょう》の蔵書などを移し滝野川文庫と称し、当面はここや浅草今戸《あさくさいまど》（橋場《はしば》ともいう）の家来宅に居住していたようである。

現在、正受院（東京都北区《きた》滝野川二丁目）の一画に、「正斎近藤守重先生開毛人《もうじんこく》国攘罷羅斯真容《をひらきオロスをはらうのしんよう》」ときざまれた一体の石像《せきぞう》が安置されている（カバー裏写真参照）。甲冑《かっちゅう》を身にまとい、腰には大刀を佩《は》いている。鎧《よろい》の胴丸部には、「鹿の抱《だき》角《つの》」の紋がみえる。近藤家の家紋である。刻文にいう「開毛人国」とは寛政《かんせい》期の

近藤重蔵甲冑姿の肖像

▼**谷文晁**　一七六三〜一八四〇。文人画家。田安《たやす》徳川家臣麓谷《ろっこく》の子。弟に重蔵と同時期に蝦夷地に派遣され風景・風俗画を残した元旦《げんたん》がいる。一七九二（寛政四）年以降、松平定信に仕え、一八二九（文政十）年御絵師《おえし》に列した。画壇の枠を超え、幅広い交友をなしたことで知られる。

エトロフ島掛《がかり》としての事績を、「攘䍐羅斯」とは文化露寇《ろこう》事件に応じての蝦夷地踏査を、それぞれいうのであろう。すなわち、この像主は重蔵本人である。これはもと槍ヶ崎の抱屋敷に安置していたものを、滝野川文庫接続地へ重蔵が移し、改易後に正受院が引き継いだもののようだ。文人《ぶんじん》画家として名高く、松《まつ》平定信《だいらさだのぶ》にかかえられた絵師谷文晁《たにぶんちょう》▲が下絵《したえ》を制作したと伝える。

この石像が甲冑を着していることから、重蔵の身分に不相応とした評判が立った。重蔵がこれに反駁《はんばく》し寺社奉行へあてた文政五（一八二二）年十二月付の長文の抗弁書《こうべんしょ》が残されている（「近藤守重事蹟考」）。そこには蝦夷地踏査の功績に関する強烈な自負心と、それが処遇されないことへの憤懣《ふんまん》がならべたてられている。いわく、寛政度と文化度の二度にわたる蝦夷地勤役は甲冑を用いなければならないほどの激務であったが、異国境《いこくざかい》の取締りをなすという成果をなしとげた。これは武門《ぶもん》の面目であり、この武功を子孫に伝え忠勤を励ますべく肖像の彫刻におよんだものである。自分は小官微禄《しょうかんびろく》の身であったため、辺境での勲功も水泡に帰し、「鷹隼《ようじゅん》」（＝高官大禄）とは異なり「犬馬《けんば》の骨折《ほねおり》」となり、結局「功《こう》官《かん》」をえることはかなわず、剰《あまつさ》え小普請入差控の身となってしまった。せめて子孫に「武功之形見」を残そうと設置した石像すら「不相応」というならば、石像を筏《いかだ》に乗せ東海（太平洋）に流してしまってもよい。そんな抗弁書である。結果的にこの抗弁書は受け入れられたとみえ、譴責をこうむることはなく、石像が毀《こぼ》たれることもなかったが、重蔵の憤懣のほどがうかがえる文書である。

　この抗弁書のなかには、重蔵を評価しあるいはその建言《けんげん》をいれた幕閣《ばっかく》要人として、松平信明《のぶあきら》（老中）・戸田《とだ》氏教《うじのり》（同）・堀田《ほった》正敦《まさあつ》（若年寄《わかどしより》）・立花種周《たちばなたねちか》▲（同）の名があげられる。このなかで存命なのは堀田のみであり、それも当時の水野《みずの》忠成《ただあきら》の幕閣の政策決定には参与していない。また、異国境取締りとともにあげられる功績として、両老中に採用された「東西蝦夷地御処置の儀」に関する上申《じょうしん》、すなわち蝦夷地上知論《じょうちろん》の建白が記される。しかし、抗弁書が書かれた前年の一八二一（文政四）年十二月に水野の幕閣は松前家への松前蝦夷地一円還付を申し渡し、二二年四月には版図《はんと》の引渡しをなしている。重蔵の自負の源泉たる蝦夷地「開国《かいこく》」の策と実践は、それを引き立てた人脈とともに、すでに実効性を失っていた。重蔵に残されたのは、家禄《かろく》一〇〇俵高と永々御目見以上の格式のみであった。

▼**立花種周**　一七四四～一八〇九。筑後《ちくご》三池《みいけ》藩主。一七八九（寛政元）年大番頭、九二（同四）年奏《そう》者番《じゃばん》兼寺社奉行、九三（同五）年若年寄、九九（同十一）年蝦夷地御用取扱、一八〇五（文化二）年御役御免・蟄居《ちっきょ》。蝦夷地御用取扱在任中に直轄・開発策をとり、重蔵を重用した。

その家禄も、これまでたびたびふれたように、与力時代にえていた世襲役高の半分に満たず、小普請入差控後は小普請金年一両の差上のほか、蔵宿《くらやど》への年賦米・借金の利銀・公儀拝借金年賦返納金・組合辻番《つじばん》入用・上下水《じょうげすい》入用割合などの支出が嵩《かさ》んだという。家人も減らし、侍一人・小者二人・妾一人・下女二人におさえていたが（「近藤正斎守重老人行状略伝」）、「大勢之家族共《おおぜいのかぞくども》漸《ようやく》取続《とりつづき》罷在候《まかりありそうろう》」という状況であったという（文政六年近藤重蔵自筆願書草案）。当時、長男の富蔵は越後高田へ出奔中である（次男賢蔵は夭折《ようせつ》）。長女の近（練馬西台村《ねりまにしだい》百《ひゃく》姓《しょう》に嫁す）、次女の藤（浜田三之丞忰奥御右筆三次郎《さんじろう》〈三平《さんぺい》〉に嫁す）は、同居をしていなかったものと思われる。しかしこの間、大坂からともなった妾・国《くに》とのあいだに三男の吉蔵《きちぞう》（一八二二年生まれ、のち信解院《しんげいん》〈寛永寺院室《かんえいじいんしつ》〉弟子として出家、亮《りょう》誼《ぎ》と称す）、四男の熊蔵《くまぞう》（一八二四年生まれ、のち重三郎守信《じゅうざぶろうもりのぶ》と称す）、三女の仙《せん》（一八二六年生まれ、のち一橋家中鈴木東四郎《ひとつばしかちゅうすずきとうしろう》に嫁す）を、それぞれ儲けている。つまり、富蔵の帰還まで、重蔵はみずからを含め少なくとも一一人の家族・家人を、激減した俸禄《ほうろく》の範囲内で養う必要があったことになる。

それを補う意味もあってか、重蔵はこの時期、たび重なる借金をなす（借高が一〇〇〇両におよんだ祝宴を開いたという記録が残る）とともに、槍ヶ崎の抱屋敷に富士塚《ふじづか》を築き名所となし、参詣者からの収益をえようとしている。この企画事業が、重蔵・富蔵父子を改易配流《はいる》へいたらしめる直接の原因となった。

槍ヶ崎事件

東京都渋谷《しぶや》区恵比寿《えびす》南三丁目、東急東横《とうきゅうとうよこ》線代官山《だいかんやま》駅に程近い、駒沢《こまざわ》通りから旧山手《やまて》通りが分岐する交差点を、槍ヶ崎交差点という。槍ヶ崎とは、この界隈一帯の通称である。槍ヶ崎交差点から南へ折れ住宅街をしばらくいくと目黒《めぐろ》区へはいり、中目黒《なかめぐろ》二丁目の別所坂《べっしょざか》の急階段をのぼれば新富士跡《しんふじあと》の公園がある。ここが重蔵の築いた富士塚の跡地で、すなわち槍ヶ崎の抱屋敷跡である。支配は幕領（事件当時は中村八大夫《なかむらはちだゆう》▲代官所支配）、目黒三田《みた》と称する武蔵国荏原郡三田村の飛び地であった。

重蔵がこの地を抱屋敷として買得したのは一八一八（文政元）年、大坂赴任の前年であった。譲主は隣家の百姓半之助《はんのすけ》（塚越《つかごし》半之助）で、この両者のあいだに地境論争が惹起《じゃっき》することになる。重蔵は大坂赴任以前に富士塚を築き、半之助

▼中村八大夫　?～一八四三。旗本。諱は知剛《ともたけ》。御勘定から立身し、一七九九（寛政十一）年関東郡代《だい》附代官、一八〇六（文化三）年甲斐《か》市川《いちかわ》代官、一四（同十一）年江戸馬喰町《ばくろうちょう》御用屋敷詰代官、四一（天保十二）年二丸御留守居《にのまるおるすい》。

別所坂下から新富士跡を臨む

▼**富士講**　富士山登拝を目的に結ばれた集団。入山《にゅうざん》の資格を有した甲斐や駿河《するが》の富士浅間神社に属する富士山御師を先達《せんだつ》とした。富士信仰の盛んな江戸では、八百八講と称されるように多数の講が結ばれた。富士講では江戸府内に富士山を模した富士塚が築かれる場合があり、目黒新富士もその一つと目される。

敷地内を流れる三田用水を引いて庭園を整備した。庭園には富士浅間《せんげん》の神祠《しんし》とともに、例の甲冑を着した重蔵の石像などが安置されたという。発掘調査の成果によると、富士山胎内洞窟《たいないどうくつ》に模した洞窟が掘られてもいた(目黒区守屋教育会館郷土資料室『新富士遺跡と富士講』)。隣家の半之助は庭園を借景《しゃっけい》として茶屋を開き、手打ち蕎麦《そば》をだし評判となった。

一説に富士塚築立《つきたて》は、半之助の属したという甲斐《かい》国北口《きたぐち》(吉田口《よしだぐち》)の富士山御師《おし》・中雁丸由太夫《なかがんまるよしだゆう》に連なる富士講《ふじこう》▲中(㊤正広講《やままさひろ》)が中核となっての立案といい(「藤岡屋《ふじおかや》日記」)、公儀からの許しをえやすくするため旗本である重蔵の抱屋敷の名義を必要としたともいう(「楓軒《ふうけん》年録」)。いずれにせよ、この富士塚は「目黒新富士」あるいは「近藤富士」などと称され、多数の参詣者を集め繁昌した。重蔵抱屋敷地内の富士塚のある庭園への出入りは百姓半之助の敷地からとし、自由に参詣者が出入りできるという工夫がなされていたようで、築立当初の両者の親和性と計画性とをものがたっている。

しかし、重蔵の帰府後、年貢《ねんぐ》の負担や利益の配分をめぐって半之助とのあいだにトラブルが生じ、重蔵が半之助の茶屋の前に植樹や竹矢来《やらい》をなしたり、半

新富士遺跡出土の大日如来石像

歌川広重《うたがわひろしげ》筆『名所江戸百景』より「目黒新富士」（一八五七年）　新富士は重蔵の幽閉後，一八三四（天保五）年に別人が経営を再開したという（「慊堂日暦《こうどうにちれき》」）。

表４　槍ヶ崎事件の判決内容（1826〈文政９〉年10月６日評定所にて一件落着）

判　　決	対象者（年齢）	身　　分	判決理由
遠島	近藤富蔵（22）	小普請組太田内蔵頭支配／重蔵惣領	罪なき子女殺害は残忍の所業。事件偽装は旗本の忰にあるまじき不届きの至り
分部左京亮へ御預ヶ	近藤重蔵（56）	小普請組太田内蔵頭支配	富蔵による殺害の原因が重蔵の遺恨に基づく。富蔵の偽装を知りながら公儀へ届けたのは不届きの至り
江戸十里四方追放	高井庄五郎（33）	近藤重蔵家来	富蔵による殺害・偽装を幇助し殺害をなしたのは不届き
急度叱り	奥住伊三郎（45）	近藤重蔵家来	富蔵による偽装を幇助したのは不埒
脱衣軽追放	了雄（41）	一向宗駒込西善寺住職	富蔵による殺害計画を助長し，事件当日に羽織白衣帯刀で関与したのは一寺住職として別して不届き
手鎖	金次郎（21）	中村八大夫御代官所武州荏原郡三田村百姓半之助召使	（狼藉）
急度叱り	文蔵（53）	中村八大夫御代官所武州荏原郡三田村百姓半之助日雇	（狼藉）
改易，15歳迄親類御預ヶ	近藤吉蔵（５）	小普請組太田内蔵頭支配／重蔵三男	父の科により
改易，15歳迄親類御預ヶ	近藤熊蔵（３）	小普請組太田内蔵頭支配／重蔵四男	父の科により

出典：内閣文庫所蔵史籍叢刊32『文政雑記』第３冊，『近世庶民生活史料集成　藤岡屋日記』第１巻第７，「楓軒年録」第29冊（森潤三郎『紅葉山文庫と書物奉行』所載）。

之助が用水から庭園への取水口を閉じたりする事態におよび、一八二四(文政七)年には地境論という形で訴訟沙汰となるにいたった。訴訟の過程で重蔵は武士の一分を言い立て、名分《めいぶん》上引くに引けない状況にも陥っていた。富蔵が越後高田から江戸へ戻り、四年ぶりに近藤家に帰ったのは、そんなトラブルが継続していた一八二六(文政九)年春のことであった。重蔵は勘気《かんき》を解き、富蔵を近藤家の「若殿」として迎え入れ、槍ヶ崎の抱屋敷の管理にあたらせた。それが、事件の引き金となった。

一八二六年五月十八日、富蔵と家来の高井庄五郎《たかいしょうごろう》・中間《ちゅうげん》の助十郎《すけじゅうろう》は、竹矢来の撤廃をめぐって半之助ならびにその子林太郎《りんたろう》・忠兵衛《ちゅうべえ》と口論となり、遺恨と称してこの三人と半之助妻ならびに林太郎妻を切りすて殺害におよんだ。重蔵はこれを受け、翌十九日に支配頭の小普請組太田資寧《おおたすけやす》▲へ、富蔵が「狼藉者《ろうぜきもの》」の殺害におよんだ旨を届け出た。公儀では月番《つきばん》老中大久保忠真《おおくぼただざね》▲が掛《かかり》となり、大目《おおめ》付《つけ》村上義雄《むらかみよしかつ》▲と南町《みなみまち》奉行筒井政憲《つついまさのり》▲に吟味を申しつけた。二十一日には富蔵・高井ら関係者が評定所《ひょうじょうしょ》に呼ばれ筒井らに尋問を受けたが、帰宅を許された。狼藉者たる百姓への旗本の手討ち、という図式が成立すれば、御咎《おとが》めなしとされ

▼**太田資寧**　?〜一八五八。旗本。一八二二(文政五)年小普請組支配、二八(同十一)年日光《にっこう》奉行。のち小姓組番頭・留守居・側衆《そばしゅう》などをつとめる。

▼**大久保忠真**　一七八一〜一八三七。相模小田原《さがみおだわら》藩主。一八一八(文政元)年老中、在任中没。

▼**村上義雄**　一七七三〜一八三八。旗本。一八〇二(享和《きょうわ》二)年使番《つかいばん》、〇七(文化四)年文化露寇に際し蝦夷地異国船来着御用、一〇(同七)年目付、一七(同十四)年田安家老《かろう》、二五(文政八)年大目付、三七(天保八)年西丸旗《はた》奉行。大目付が吟味に加わり評定所で審理されたのは、当事者の一方が旗本だったため。

る可能性が濃い事件ではあった。実際、半之助側の狼藉な振舞いは認定され、現場にいて富蔵らに討ちもらされた半之助の雇人二人は、半之助らとともに狼藉を働いたとされ、それぞれ手鎖《てぐさり》・急度叱《きっとしか》りの処分をくだされた(表4参照)。

しかしながら、審理の過程でいくつかの問題が生じた。富蔵から重蔵ならびに筒井への供述に虚偽があったこと、加えて罪なき女子を殺害したことがそれである。前者については半之助らが棒をもって手向かって来たことを偽装するため、富蔵が殺害現場に棒をそえた点が旗本の忰にあるまじき「不届之至《ふとどきのいた》り」と判断された。六月三日に評定所で再尋問があり、ここには重蔵も召喚され、重蔵・富蔵は小伝馬町《こでんまちょう》の揚座敷《あがりざしき》▲へ、高井は揚屋《あがりや》▲へ拘留され、助十郎は入牢(のち牢死)となった。審理は同十一日に三度目の尋問を重ねたうえで、十月六日に結審(一件落着)した。

判決は、富蔵は遠島《えんとう》、重蔵は分部左京亮《わけべさきょうのすけ》▲への「御預ケ《おあずけ》」であった。重蔵の罪状は、富蔵による「心得違《こころえちがい》」の殺害の動機が重蔵の遺恨にあったことと、富蔵の虚偽を知りながら公儀へそのまま届け出たことが、「不届之至り」と判断された点であった(表4参照)。武士の一分に拘《こだわ》った重蔵は、皮肉なことに武士にある

▼**筒井政憲**　一七七八～一八五九。旗本。一八一五(文化十二)年目付、一七(同十四)年長崎奉行、二一(文政四)年江戸南町《みなみまち》奉行、四一(天保十二)年西丸留守居、四五(弘化《こうか》二)年学問所儒役《じゅやく》、四七(同四)年西丸留守居、五三(嘉永《かえい》六)年大目付格魯西亜《ロシア》応接掛、五七(安政四)年槍奉行。南町奉行在任中、シーボルト事件や重蔵・富蔵の配流の審理にあたった。

▼**揚座敷・揚屋**　日本橋《にほんばし》小伝馬町の牢屋敷内にあった武家の拘置所。幕臣《ばくしん》の場合、旗本は揚座敷に、御家人《ごけにん》・陪臣《ばいしん》は揚屋に拘留されるのが常であった。

▼**分部左京亮**　一八〇九～五八。近江大溝藩主。諱は光寧。一八一〇(文化七)年家督相続、二四(文政七)年将軍拝謁《はいえつ》・叙位《じょい》任官、三一(天保二)年隠居。

まじき行為をとがめられた富蔵に連座する形で処分をくだされたのである。重蔵の幕臣としての立身の望みは、実子惣領富蔵の直接なした武家身分からの逸脱を理由に、ここに雲散霧消したといってよい。

改易

評定所の判決は、富蔵と重蔵にのみとどまったわけではなかった。富蔵の幼い弟二人が、当主の重蔵に連座《れんざ》し改易とされ、一五歳まで親族へあずけおかれる判決を受けたのである(表4参照)。ここに旗本近藤家は、家禄と旗本身分を完全に失った。三男吉蔵は五歳、四男熊蔵は三歳であった。吉蔵と熊蔵は、母・国とともに重蔵の母方の叔父である御畳《おたたみ》奉行三浦義十郎の厄介《やっかい》となることとされ、十一月六日に下谷長者町《したやちょうじゃまち》の三浦宅へ身をよせた(「慊堂日暦《こうどうにちれき》」)。

一八二六(文政九)年十月六日の結審後、重蔵の身柄は即刻近江《おうみ》国高島《たかしま》郡大溝《おおみぞ》藩主分部光寧《わけべみつやす》にあずけられ、ひとまず藩主の「居屋敷」に引きとられた。芝愛宕《しばあたご》下稲荷小路《したいなりこうじ》の大溝藩上《かみ》屋敷であろう。光寧はこの年の五月に参勤《さんきん》のため、江戸に入府していた。分部家は織田信長《おだのぶなが》の弟三十郎信包《さんじゅうろうのぶかね》の家老《かろう》から豊臣《とよとみ》期に大名

▼**徳川治済**　一七五一～一八二七。一橋家二代当主。徳川宗尹《むねただ》の四男。将軍家斉の実父。一七五八(宝暦《ほうれき》八)年一橋家世嗣、六四(明《めい》和《わ》元)年家督相続、九九(寛政十一)年隠居・従二位《じゅにい》権大納言《ごんだいなごん》、一八一八(文政元)年剃髪・裘衣《かわごろも》勅許、二〇(同三)年従一位《じゅいちい》、二五(同八)年准《じゅん》大臣宣下《せんげ》、二八(同十一)年追贈内大臣、二九(同十二)年追贈太政《だいじょう》大臣。将軍親政派(保守)の首領で、蝦夷地直轄・開発策には終始否定的だった。

徳川治済

に取り立てられた家柄で、つまりは外様《とざま》である。石高《こくだか》は二万石、柳間詰《やなぎのまづめ》の小藩であった。

一方、富蔵の身柄は、配流先が定まらないまま揚座敷にしばらくとどめられた。将軍実父徳川《とくがわ》(一橋《ひとつばし》)治済《はるさだ》▲の逝去(一八二七年二月二十日)にともなう追福赦免《ついぶくしゃめん》の挙もあり、処分は遅滞したが、同年四月二十五日に配流先が八丈島と定められ、翌日出帆となった。以後半世紀を超える、流人としての境涯《きょうがい》の始まりである。

これに先立つ同年二月五日、分部光寧が公儀の許しをえて仕立てた、重蔵を大溝陣屋元《じんやもと》(現、滋賀県高島市勝野《かつの》)に護送する隊列が江戸を出立《しゅったつ》した。大溝到着は二月十九日である。藩では陣屋元の北中町《きたなかまち》に獄舎を設け、重蔵を幽閉した。常の居室は獄舎中央の四畳半である。そこに起居すること二年余り、一八二九(文政十二)年六月九日に、重蔵は没した。享年五九。奇しくもその前月の五月十三日に、重蔵の立身の契機となった寛政改革を主導した松平定信が没している。

重蔵の遺骸は塩漬けにされ、幕府検使の改めを待った。検使による見分は七

大溝円光寺瑞雪院の重蔵墓所

江戸の菩提寺西善寺《さいぜんじ》の重蔵墓所
恩赦後に遺族により建立《こんりゅう》されたものと考えられる。

月十六日に大溝で行われ、公的にその死が確認された。幽閉後の重蔵は、『江《ごう》州本草《しゅうほんぞう》』と称する本草書三〇巻（逸書《いっしょ》）の編纂に代表される著述活動を継続するなど、文人としての側面から分部家中をはじめ陣屋元の人びとに忘れがたい印象を残した（「幽囚後之近藤重蔵」）。検視後に遺骸は、藩主菩提所である大溝円光《えんこう》寺瑞雪院《じずいせついん》（臨済宗東福寺派《りんざいしゅうとうふくじ》）にほうむられた。その三二年後の一八六〇（万延《まんえん》元）年三月十八日、徳川家斉の十三回忌を理由に重蔵はその罪を恩赦《おんしゃ》され、名誉が回復された。分部家ではこれに応じ、瑞雪院に俗名《ぞくみょう》と法号《ほうごう》を刻した墓石を建てた。法号は、自休院俊峯玄逸禅定門《じきゅういんしゅんぽうげんいつぜんじょうもん》である。恩赦をえた旗本身分への、外様小藩からの配慮であろう。重蔵が望んでようやく勝ちえた旗本としての待遇が、没後にこんな形でも、もたらされたとみることができよう。

しかし、富蔵はこの恩赦に与《あずか》ることなく、八丈島での流人《るにん》としての生活が改められることはなかった。

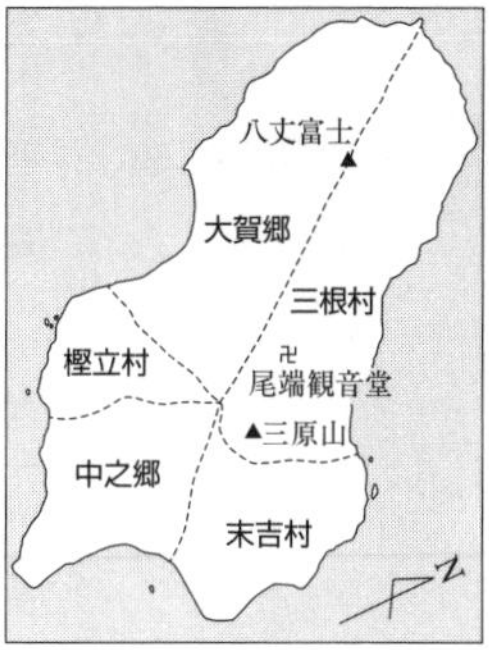

八丈島図

⑦流人と手代——富蔵の後半生と改易後の近藤家

八丈流人

場面はふたたび冒頭の八丈島《はちじょうじま》に戻る。一八二七(文政《ぶんせい》十)年の秋に八丈島に着船した富蔵は、その身柄を島内の三根《みつね》村にあずけられた。時に二三歳。赦免《しゃめん》は一八八〇(明治十三)年二月二十七日、八丈島出帆は同十月二十日であった。時に七六歳。実に半世紀を超える八丈流人《るにん》(「三根村割《むらわり》流人」)としての生活を、富蔵は三根村で重ねたのであった。

八丈島には五カ村があり、流人はそのいずれかに配分された。八丈島を含む伊豆《いず》七島は伊豆国に属し、近世には伊豆国代官《だいかん》の支配を受けた。八丈島五カ村はいずれも無高とされたが、百姓《ひゃくしょう》は反別に応じて黄紬《きつむぎ》(黄八丈《きはちじょう》)の貢納が義務づけられた。富蔵在島中の一八四〇(天保《てんぽう》十一)年の記録によると、八丈島・八丈小島《こじま》・青ヶ島《あおがしま》の合計で七〇四反九分七厘五毛が課されている(『八丈島誌』)。

代官は交代ごとに一度八丈島を巡視するのみで、通常の支配は島の首邑《しゅゆう》・大《おお》賀郷大里《かごうおおさと》におかれた島役所(陣屋《じんや》)に詰める世襲の地役人《じやくにん》にまかされた。このほ

流人追善供養（八丈島三根善光寺《ぜんこうじ》）
現在でも八丈島の寺院では、流人への追福法会が営まれている。

か、幕府《ばくふ》官船（御船《おふね》）を管理する御船預り役が世襲の役としておかれた。これに神主・僧侶を加えた層が扶持《ふち》や高《たか》をえた特権身分であり、富蔵在島中の一八四〇年の記録によると、八丈島総人口六九九二人のうち一三三人、人口比では二%弱である。流人は二二四人、人口比では三%強である。それ以外の圧倒的多数は、百姓である（表5参照）。流人の島といわれる八丈であるが、そのイメージはこうした数字の先に結ばれなければならない。流人は村名主《なぬし》の支配を受け、各村の五人組に組み入れられた。村によっては、流人頭《がしら》をおく場合もあった。流人は島外渡航や内証便《ないしょうびん》が禁じられたほかは幽閉されることもなく、「流罪人に対する島役所の取締りは頗《すこぶ》る寛大であって、特別に罪人あつかいはしなかった」ものという（川崎房五郎『江戸時代の八丈島』）。

配流者《はいるしゃ》の構成は、富蔵の配流された年を含む時期の統計によると、新規配流者一四五人のうち富蔵を含む士分《しぶん》は六人（四%強）、下士《かし》・小者《こもの》をあわせると二〇人（一四%弱）が武家《ぶけ》身分であった（表6参照）。富蔵がまとめた一八六八（明治元）年現在の「在命流人」二四〇人のリストによると、苗字《みょうじ》をもつ者が富蔵を含め一七人（約七%）、このうち旗本《はたもと》ならびにその係累《けいるい》は富蔵を含め三人である

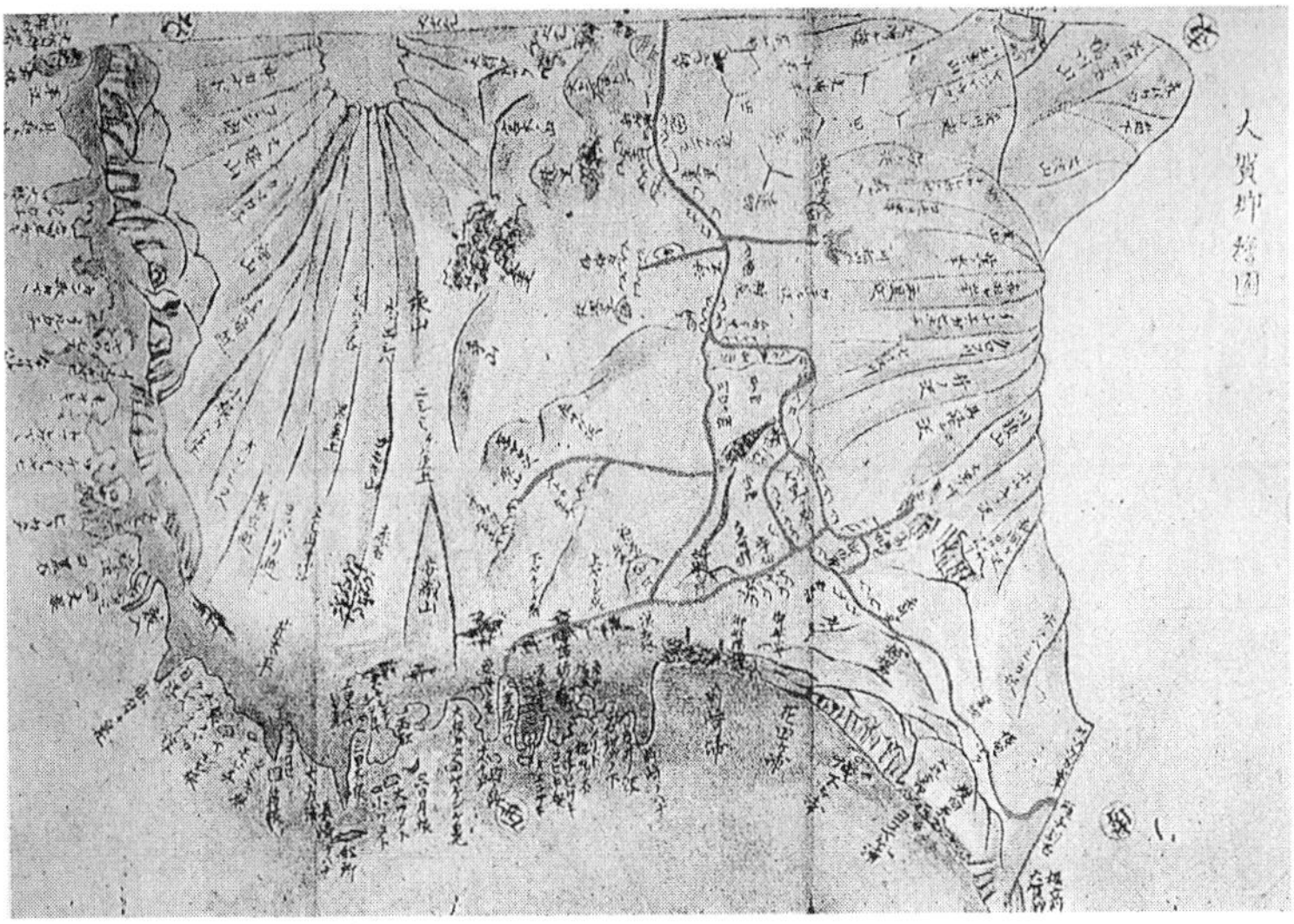

近藤富蔵自筆大賀郷絵図(『八丈実記』所収)

表5　八丈島の人口構成(1840〈天保11〉年)

村　名	役人等*	百　　姓	浮田流人	流　人	非　人	計
大賀郷	—	2,039(96.96)	10(0.48)	54(2.57)	0	2,103(100.00)
三根	—	1,496(96.83)	2(0.13)	47(3.04)	0	1,545(100.00)
末吉	—	774(96.15)	0	30(3.73)	1(0.12)	805(100.00)
中之郷	—	1,188(95.42)	0	57(4.58)	0	1,245(100.00)
樫立	—	1,125(96.90)	0	36(3.10)	0	1,161(100.00)
(役人等*)	133	—	—	—	—	133
計	133(1.90)	6,622(94.71)	12(0.17)	224(3.20)	1(0.01)	6,992(100.00)

出典:『八丈実記』 3所収「天保十一庚子年八丈大概帳」。
備考:数字の単位は人。(　)内は%(四捨五入につき総計があわない場合がある)。＊は地役人・僧侶・神主。

表6　八丈島への配流者構成(1822〈文政5〉~31〈天保2〉年配流)

身分	配流者数	%	身分	配流者数	%
士	6	4.14	商	2	1.38
下士	13	8.97	雑*	4	2.76
小者	1	0.69	女	12	8.28
浪士	1	0.69	無宿	51	35.17
僧	22	15.17	店借	6	4.14
農	27	18.62	計	145	100

出典:川崎房五郎『江戸時代の八丈島』所載「流罪人統計表」。
備考:%は四捨五入につき総計があわない場合がある。＊は身分不詳者を含む。

（『八丈実記』四）。無宿《むしゃく》や破戒僧《はかいそう》が過半を占める流人社会のなかで、富蔵のおびていた身分は圧倒的に少数である。逸脱の形は、こうした形で配流先にもあらわれていたといえよう。

　加賀藩《かがはん》からの扶持のあった宇喜多秀家《うきたひでいえ》▲の末裔である浮田《うきた》本家に連なる一党（浮田流人▲）を別として、八丈流人は江戸《えど》から携えた財産を費消しつくしたあとは、基本的に自活の途を探らなければならない。学知を有した僧侶や武家のなかには、村方の書記（書役《かきやく》）や建築・教育など、それをいかした生業を選ぶ者も多かった（『八丈島誌』）。富蔵の回顧によるとみずからの生活は、仏像や神像・位牌や扁額《へんがく》を含む調度品の制作、石垣の設計施工、石碑彫刻、屏風《びょうぶ》張りや襖《ふすま》張り、ならびに素読教授によって成り立たせたものという（『八丈実記』四）。実際、八丈島には現在でも富蔵の制作になる、これらの文化財が数多く残されている（八丈町教育委員会編『島を愛した男　近藤富蔵』▲）。

　富蔵は慣例に従い三根村に九尺二間《くしゃくにけん》の小屋を宛行われ、そこで生計を立てたと考えられる。流人の男性は島の女性を「水汲女《みずくみおんな》」と称して事実上の婚姻関係を結ぶことが一般的だったが、富蔵も配流の翌年に浮田流人に連なる大賀郷百

富蔵施工の石垣（八丈島大賀郷）

構武軒《こうぶけん》と号した富蔵の自意識のなかでは、石垣施工も兵学《へいがく》実践の一環であったか。八丈島大賀郷小舟《こふね》方《かた》御船《おふね》預《あずかり》役《やく》服部《はっとり》屋敷。

▼**宇喜多秀家**　一五七二〜一六五五。備前《びぜん》岡山城主。豊臣《とよとみ》政権の五大老《ごたいろう》をつとめたが、関ヶ原合戦《せきがはらかっせん》で西軍に与《くみ》し敗走。徳川家康《いえやす》により改易後一六〇六（慶長《けいちょう》十一）年に八丈島へ配流、浮田と改姓し大賀郷に居を構え生涯をおえた。

▼**浮田流人**　秀家の正室は前田《まえだ》利家《としいえ》の娘であった。加賀一〇〇万石《ごく》の前田家ではこれを由緒として、その末裔に隔年で扶持を与え続け

姓栄右衛門《えいえもん》の長女・逸《いつ》▲と同居している。逸とのあいだには一男二女を儲けた。このように富蔵は八丈の流人社会に根をおろし、学知を生活の糧にいかしつつの五三年におよぶ生活をへたのであった。なお、八丈の流人社会にはそれ自身の階層があり、流人頭と村方の書役をつとめた流人には羽織着用が許される。富蔵はそのいずれにも就いておらず、公的には「三根村割流人」(=平の流人)として編成されたものであったようだ。

その編成に変化を生じたのは、著述によってである。富蔵は配流後に近藤家の系譜などの編纂著述を始め、のちにその関心を八丈島の文物に向け、島内の古記録や公文書を博捜《はくそう》し口碑を取材し、一種の百科全書ともいうべき大部の地誌を書き継いだ。それを集成したものが一八五五(安政《あんせい》二)年成立の『八丈実記拠《きょ》』二八巻であり、島役所の命《めい》によってまとめた六一(文久《ぶんきゅう》元)年成立の『八丈実記』六九巻であった。これはさらに増補改訂がなされ、一八六九(明治《めいじ》二)年に流人の鹿島則文《かしまのりぶみ》▲(常陸《ひたち》国鹿島神宮社家《かしまじんぐうしゃけ》)の序をえてひとまずの完成となった。富蔵は明治維新《いしん》の大赦《たいしゃ》にもれたが、一八七二(明治五)年二月に「島方旧記著述幷《ならびに》絵図面」の作成を通じて島のためにつくしたとし、島役所から羽織の着用

た。扶持を受けた家は「浮田流人」と総称され、特別な社会集団を形成した。

▼**『島を愛した男　近藤富蔵』**　近藤富蔵没後一〇〇年記念誌の増補改訂版。富蔵伝記研究の最重要文献であり、詳細な年譜も収録されている。

▼**近藤逸**　?～一八七五。浮田流人の傍系の出。富蔵とのあいだに長男弁多守一《べんたもりかず》、長女ミサヲ、次女千代野《ちよの》。千代野の長男近藤近蔵《ちかぞう》守正《もりまさ》が富蔵の家を継いだ。

▼**鹿島則文**　一八三九～一九〇一。鹿島神宮大宮司《だいぐうじ》則孝《のりたか》の子。一八六五(慶応元)年八丈島配流。一八六九(明治二)年赦免。一八七三(同六)年鹿島神宮大宮司、八四(同十七)年伊勢神宮宮司となり、神宮皇学館《こうがっかん》創設・『古事類苑《こじるいえん》』編纂刊行などに尽力。一八九八(同三十一)年辞職。配流中、富蔵と交流し、ともに八丈八景を撰した。

が許され、あわせて三根村川平夕学校《かわのひらゆうがっこう》の督学師《とくがくし》に任ぜられ袴《はかま》の着用も許された（『八丈実記』四）。このうち「旧記著述」は『八丈実記』編纂を、「絵図面」は、一八四六（弘化《こうか》三）年に伊豆国代官江川英龍《えがわひでたつ》▲が来島時に実施した「八丈島惣絵図面改正」への協力を、それぞれさすのだろう。「島方」に関する知識人・文人《ぶんじん》としての権威を確立した富蔵は、『八丈実記』をはじめとした著述や編纂が評価され、その待遇がわずかなりとも改まっているのである。

『八丈実記』はその後も来島官員の注目を集め、あるいは静岡県へ貸与したり（一八七六年）、あるいは東京警視本署から浄書《じょうしょ》の命がくだったりした（一八七八年）。その間にも増補改訂の筆は加えられ、最終的に富蔵の没した一八八七（明治二十）年に東京府により『八丈実記』二九冊が買い上げられ、同府文書記録係により三六冊に仕立てなおされた。現在東京都公文書館の所蔵する、緑地社版《りょくちしゃ》▲七巻の底本がこれである。重蔵が幽閉先で『江州本草《ごうしゅうほんぞう》』を編纂し続けたように、富蔵もそのながい晩年を『八丈実記』の編纂に打ち込んだのである。重蔵の編纂した『外蕃通書《がいばんつうしょ》』や『好書故事《こうしょこじ》』『正斎書籍考《せいさいしょじゃくこう》』▲などが現在なお利用するにたる水準と価値を兼ね備えているように、富蔵の編纂した『八丈実記』も八丈島の歴史

▼**江川英龍**　一八〇一～五五。旗本。通称太郎左衛門《たろうざえもん》、号担庵《たんあん》。一八三五（天保六）年伊豆韮山《にらやま》代官世襲、伊豆七島をも管轄した。一八五三（嘉永《かえい》六）年御勘定吟味役格海防掛、在任中没。韮山に反射炉《はんしゃろ》を建設するなど西洋技術通として知られた。

▼**緑地社版『八丈実記』**　東京の書肆《しょし》・緑地社社長小林秀雄《こばやしひでお》（筆名林《はやし》秀雄）の尽力により一九六四～七二（昭和三十九～四十七）年にかけ刊行。全七巻。『八丈実記』は納本後、事実上死蔵されていたが、柳田國男《やなぎたくにお》・渋沢敬三《しぶさわけいぞう》ら民俗学者によりその資料的価値が評価され、学術刊行物としての出版となった。小林はこの仕事により一九七三（昭和四十八）年菊池寛《きくちかん》賞を受賞。

民俗に関する最高水準の資料集として利用され続けている。富蔵は、『八丈実記』校訂のさなかの一八八三(明治十六)年に、次のような狂歌《きょうか》をよんだ。

もふ言わじ　書かじと思ひ　思へども　またあやなくも　湿《しめ》す水茎《みずくき》

「あやなく」に富蔵は「無益」とふってある。「水茎」とは筆のことである。どうしても表現し書き残さずにはいられない衝動がよくあらわされている。こうした気持ちは、その父・重蔵にも共通するものであったろう。身分や格式の側面に発する確執を生じ、あるいはそこからの逸脱の果てに、ともに幽閉・配流された実の親子は、文人あるいは表現者としての側面で、たしかに血のつながりを有していたというべきであろう。

その一方で富蔵は、冒頭にふれたように旗本惣領《そうりょう》としての意識を持し、あるいは重蔵の事績に心をよせながら、半世紀を超える流人としての生活を送った。水汲女として終生そいとげた逸の系譜を、宇喜多大納言《だいなごん》末葉とことさら意識し書き記す富蔵もまた、近世の身分社会―より具体的にいうならば徳川《とくがわ》将軍家臣《かしん》団《だん》における身分序列―のなかでの身位の向上を希求した父・重蔵と同じメンタリティを共有していたとみなされるのである。

▼**『正斎書籍考』**　重蔵の考証になる漢籍解題。全四巻。『近藤正斎全集』第二巻所収。経《けい》部と史《し》部からなり、経部のみ一八二三(文政六)年に江戸で刊行された。「邦人の手に成る書誌学研究書として画期的なもの」(福井保『内閣文庫書誌の研究』)と評価される。

富蔵狂歌歌碑(旧八丈支庁庁舎敷地内)　富蔵没後一〇〇年を記念して建てられた歌碑。

代官手代としての近藤家と富蔵の最晩年

さて、この書の最後にもう一つふれておかなければならない事蹟がある。重蔵に連座《れんざ》し改易《かいえき》となったのちの、近藤家についてである。

流人となった富蔵は、維新後の一八八〇(明治十三)年二月に赦免が申し渡され、同年十月に上京し、八二(同十五)年八月までの間に東京(娘・沖山《おきやま》ミサヲ訪問)・大溝《おおみぞ》(重蔵墓参)・大阪(甥・近藤昴蔵《こうぞう》訪問)・紀伊《きい》半島(参詣)などを訪れたのち、ふたたび八丈島へ戻っている。流人であった富蔵は無籍であり、一八八一(明治十四)年十二月に娘である沖山ミサヲ(東京府平民《へいみん》)方への入籍願を京橋《きょうばし》区へ提出し、許容されている。沖山姓は、ミサヲの母方の叔父(富蔵妻・逸の弟)の姓である。すなわち、近代における富蔵の族籍は東京府平民に編入されたことになり、維新後に茨城県士族《しぞく》(後述)となる近藤家とは、一線を画している。

改易後の近藤家は、吉蔵《きちぞう》・熊蔵《くまぞう》・仙《せん》の母である国《くに》が背負った。在野の大儒《たいじゅ》として知られた松崎慊堂《まつざきこうどう》▲の日記「慊堂日暦《にちれき》」(『紅葉山文庫と書物奉行』に翻刻)には、改易後に国がしばしば慊堂を訪問したことが記されている。慊堂は林家《りんけ》の塾頭をつとめたことでも知られ、狩谷棭斎《かりやえきさい》らとともに御書物奉行《ごしょもつぶぎょう》時代の重蔵と学

▼**松崎慊堂**　一七七一〜一八四四。儒学者《じゅがくしゃ》。肥後《ひご》の百姓の家に生まれる。一七九〇(寛政《かんせい》二)年昌《しょう》平坂《へいざか》学問所入門、九四(同六)年林家塾生筆頭、一八〇二(享和《きょうわ》二)年遠江掛川藩校《とおとうみかけがわはんこう》教授、一五(文化《ぶんか》十二)年辞任。以後、江戸で在野の儒者として活躍。重蔵と同様、考証学を尊んだ。

▼二櫃の書籍　内閣文庫現蔵書籍のうち昌平坂学問所旧蔵書のなかに重蔵の蔵書印が捺されたものが含まれるのは、こうした経緯も背景にあったものととらえられる。

松崎慊堂

問を通じた交流があった(川瀬一馬『日本書誌学之研究』)。「慊堂日暦」には槍《やり》ケ崎《がさき》事件の前日に重蔵が慊堂をたずね懇談したことが記されている。国は重蔵旧蔵の書籍や物品の売立ての周旋《しゅうせん》などを慊堂や棭斎に依頼しているが、一八二九(文政十二)年に重蔵が大溝の幽閉先で没したのちは、拘留時に没収され林家に保管されたままになっていた二櫃の書籍▲の返還への助力をも相談している。その際の名義は、「三浦喜《みうらき》(義)十郎《じゅうろう》隣家伊東彦六《いとうひころく》地内近藤吉蔵」(天保元〈一八三〇〉年五月十六日条)であり、改易後の近藤家の惣領は形式的に三男吉蔵とされていたようだ。「聞斎見聞家系私話」(『八丈実記』四)によると、吉蔵と熊蔵には公儀《こうぎ》から「捨扶持《すてぶち》」として各人へ二人扶持がくだされたのみであったという。国は重蔵遺品の処分により、家計を維持しようと奔走していたことが察せられる。

その一方で国は、吉蔵・熊蔵の処遇につき慊堂に相談している。慊堂は佐藤《さとう》一斎《いっさい》(林家門人筆頭、幕府儒者《じゅしゃ》)に相談し、熊蔵の上野寛永寺《うえのかんえいじ》入りを頼んでいる(天保四〈一八三三〉年三月十八日条)。この件は結局、熊蔵ではなく吉蔵の寛永寺院室信解院《いんしつしんげいん》への出家《しゅっけ》となって実現したようだ。そうした折、一五歳となっていた熊蔵の改易赦免の通知が南町《みなみまち》奉行から達せられた。一八三九(天保十)年五月のことである。赦免の理由は、去る一八三五(天保六)年九月の徳川家治《いえはる》▲五十回忌御法事に際しての恩赦《おんしゃ》であった。このとき、富蔵は赦免されておらず、重蔵の名誉も回復されていない。近藤家改易赦免の対象が熊蔵になされたということは、公儀がその惣領を熊蔵と認識していたことを示す。

これを受け、国は熊蔵の再出仕につき、関東代官羽倉用九《はぐらもろちか》(簡堂《かんどう》)▲への周旋を慊堂に頼んでいる(天保十〈一八三九〉年十一月十五日条)。簡堂は文人としても知られ、生前の重蔵と深い交流があり、熊蔵赦免の前年には伊豆国代官として八丈島を巡察し、富蔵にあってもいる(『南汎録《なんはんろく》』)。国は重蔵との所縁を頼ったのであろう。慊堂は学問を通じて簡堂とも親交があったため、国の願いを取り次いだ。簡堂はこの願いを容れ(同十二月二十二日条)、熊蔵に手代《てだい》の明名跡《あきみょうせき》(山内《やまうち》重三郎《じゅうざぶろう》)を継がせた。代官手代であるから正式な御家人《ごけにん》ではなく、代官が必要に応じてかかえた地役人ではあるが、手代から累進して代官にまで昇階した例もある。重蔵が望んで果たせなかった勘定方系統での出世につながるラインの末端に、熊蔵は乗ったことになる。これ以後、熊蔵は近藤重三郎守信《もりのぶ》と名を改め、代官手代としての履歴を重ねていく。国は出仕を見届けたのち、一八六五

▼**徳川家治**　一七三七〜八六。十代将軍。先代の父・家重《いえしげ》に引き続き田沼意次《たぬまおきつぐ》を重用した。一七六〇(宝暦《ほうれき》十)年将軍宣下《せんげ》、在職中没。実子家基《いえもと》が早逝したため、徳川(一橋《ひとつばし》)治済《はるさだ》(従兄弟《いとこ》)の嫡子家斉《いえなり》を養子とした。

▼**羽倉簡堂**　一七九〇〜一八六二。旗本。通称外記《げき》、諱《いみな》は用九または秘道《やすみち》。日田郡代《ひたぐんだい》秘救《やすひら》の子。一八〇八(文化五)年以降、代官として各地に赴任。水野忠邦《みずのただくに》に抜擢され一八四二(天保十三)年御納戸頭をへて御勘定吟味役に就任、翌年忠邦失脚にともない辞任。広瀬淡窓《ひろせたんそう》や古賀精里《こがせいり》に学び、尚歯会《しょうしかい》に集う文人でもあった。

（慶応元）年九月に没した。近藤家が再興をなしえたのは、かつて「同志之者」などと称された重蔵の文人としての交友関係と、国の奔走とによるものとみるべきだろう。

熊蔵改め重三郎守信は、簡堂の代官離任後（一八四二年一月御納戸頭《おなんどがしら》、同十二月御勘定吟味役《おかんじょうぎんみやく》、四三年閏《うるう》九月御役御免《おやくごめん》）も代官手代を続けたようで、一八六六（慶応二）年の『県令集覧』には安房《あわ》・上総《かずさ》を支配する小川達太郎《おがわたつたろう》▲代官所の江戸詰手代として近藤重三郎の名がみえる（『江戸幕府代官史料』）。維新後は一八六九（明治二）年六月に、水戸《みと》徳川家の連枝《れんし》を藩主とする守山《もりやま》（松川《まつかわ》）▲藩に召しかかえられた。廃藩置県《はいはんちけん》後は松川県士族（のち管轄変更により茨城県士族）となり磐城白河《いわきしらかわ》県を皮切りに地方公吏《こうり》を歴任、おもに租税畑をあゆみ、岩代《いわしろ》二本松《にほんまつ》県・同福島県・伊勢度会《いせわたらい》県・筑後三潴《ちくごみずま》県をへて大阪府七等属（のち判任官《はんにんかん》待遇）を最後として一八八〇年六月に退官した（『八丈実記』四）。地租改正《ちそかいせい》に手腕をふるったと伝えられる守信の任官は、代官手代としての実績が近代初頭の地方行政に必要とされた一例であり、近世・近代の行政における連続面を示している。

守信の長男・近藤昂蔵守潔《もりきよ》は、維新後、父に従い一八七一（明治四）年六月の

羽倉簡堂

▼**小川達太郎**　御家人、のち旗本。御徒目付《おかちめつけ》・長崎奉行支配吟味役・学問所教授方出役《しゅつやく》などをへて一八六四（元治《げんじ》元）年信州中野《しんしゅうなかの》代官、六五（慶応元）年江戸在府代官、維新に際し辞職。

▼**松川藩**　常陸国鹿島郡成田《なりた》村松川に陣屋《じんや》をおいた藩。陸奥《むつ》・常陸《ひたち》に二万石。陸奥守山藩の後身。一八七〇（明治三）年に守山藩主松《まつ》平頼之《だいらよりゆき》が陣屋を松川に移し立藩。翌年、廃藩置県にともない廃藩、松川県となる。

▼**控訴院**　現在の高等裁判所の役割を果たし、検事局を併設した。長崎控訴院は九州・沖縄を管轄域とした。

▼**那覇地方裁判所**　一八九二（明治二十五）年六月開庁。検事局を併設し、その長に検事正をおいた。昂蔵は第二代検事正で、一八九四（明治二十七）年十一月に赴任。

磐城棚倉《たなぐら》藩領釜子《かまこ》学校教師補を皮切りに地方公吏を歴任し、開拓使函館支庁《かいたくしはこだてしちょう》・伊勢渡会県をへて司法省（大阪裁判所）に出仕し、八一年九月甲府《こうふ》裁判所検事任官後は検事畑を進み、長崎控訴院▲検事をへて那覇《なは》地方裁判所▲検事正《けんじせい》にいたり、九九（同三十二）年一月に退官した（『那覇地方検察庁沿革誌』）。次男の熊孺も父に従い一八七六（明治九）年二月に度会県雇《やとい》を皮切りに地方公吏をつとめ、三瀦県・大阪府をへて八七年に判事へ転じ、丸亀《まるがめ》区裁判所・四日市《よっかいち》区裁判所等の監督判事を歴任、従五位勲四等にすすみ一九一三（大正二）年に休職した（『官報』、「叙位裁可書」）。いずれも父・守信の推挙によると思われる公吏任官に始まり、司法官吏である検事・判事（いずれも高等官）に転進している。これも文官《ぶんかん》試験制度の確立以前における官吏（国家公務員）・公吏（地方公務員）の供給が、近世以来の人的系譜に依拠していたことの一例を示している。近藤家に即していえば、重蔵と羽倉簡堂との交誼《こうぎ》に端を発する改易恩赦後の守信の代官手代登用の影響が、昂蔵・熊孺の官公吏任用にまでおよんでいることになる。

富蔵へいまだ赦免の報せが届いていない一八七八（明治十一）年九月に、東京府への『八丈実記』納本が新聞記事となったのを契機に、熊蔵改め守信は富蔵に

近藤富蔵墓所（八丈島三根）　開《かい》善院《ぜんいん》善光寺門前の共同墓地にある。

▼**北進の先駆者**　北進論を背景に重蔵は顕彰された。東京の六甲書房から一九四一（昭和十六）年に刊行された『北進日本の先駆者たち』（伝記学会編）の表紙は重蔵の建てた「大日本恵登呂府《だいにほんえとろふ》」の木標。

家族の近況を知らせる書状を送り、富蔵はそれへ返信している。富蔵はこの返信のなかで、守信父子がともに任官していることにふれ、「……父子共に朝勤《ちょうきん》（＝朝廷に仕える）之程、幸甚《こうじん》々々、祝賀致候《いたしそうろう》」と喜んでいる。富蔵にとって、守信と昂蔵・熊孺父子の任官は、近藤家復権の姿として映じている。近代における官公吏任官に、近世（身分制社会）からの連続性をみようとする心性が、ここからは読みとれるのである。重蔵の希求した「経世《けいせい》之《の》学《がく》」の実践は、はからずも徳川の世が倒れてのち、その惣領ではなく四男とその子らにより、かつて重蔵の出役した長崎や函館・大阪をも舞台に果たされたようにもみえるのである。

一八八二（明治十五）年八月に、富蔵はみずからの意志で八丈島に戻った。その後、本書の冒頭に記した三根村尾端観音堂《おばたかんのんどう》の堂守となり、『八丈実記』の増補改訂を続けつつ、旧幕府旗本惣領としての自意識を保ちながらも、東京府平民として最晩年をすごした。死去は一八八七（明治二十）年六月一日、享年八三歳。法名《ほうみょう》は有無庵釈不名居士《うむあんしゃくふみょうこじ》。

その後一九一一（明治四十四）年八月、政府は日露《にちろ》戦争による樺太《からふと》領有（一九〇五年九月）を背景に、「北進《ほくしん》の先駆者」▲として重蔵を顕彰し、正五位《しょうごい》を追贈した

近藤富蔵顕彰碑（八丈島三根共同墓地）　近藤富蔵墓所のかたわらに建てられている。一九二三（大正十二）年七月二十二日に建碑供《く》養《よう》が営まれた。

（『地学雑誌』二三三—二七五号〈四氏贈位紀念号〉）。さらにくだって一九二三（大正十二）年七月、八丈島民有志の寄付金により、教育活動や『八丈実記』編纂の功績を記した富蔵の顕彰碑が三根村に建てられた（『島を愛した男　近藤富蔵』）。国家からの贈位と八丈島の地域社会による建碑。その対照的な評価のされ方に議論はあろうが、両者の生きざまがよくあらわれた顕彰の始まりであった。

　ひるがえって現代でも、重蔵の事績は「北方領土」領有の根拠として国家により再生産されるとともに、文献考証学の分野で再評価がなされる（水上雅晴「近藤重蔵と清朝乾嘉期の校讐学」）。富蔵の事績も没後一〇〇年あるいは生誕二〇〇年を記念した八丈島での顕彰事業が繰り返されている（『島を愛した男　近藤富蔵』）。近藤重蔵と富蔵。ながく語り継がれるにたる大きな仕事を、旗本としての自意識を強く持したこの父子は確実に残し、今に問いかけてくるのである。

北島正元校訂『丕揚録・公徳辨・藩秘録』近藤出版社, 1971年
髙木崇世芝編「近藤重蔵関係文献目録(未定稿)」『北国研究集録(名寄市北国博物館)』4号, 2000年
東京大学史料編纂所編『大日本近世史料　近藤重蔵蝦夷地関係史料1～3, 付図』東京大学出版会, 1984～93年
中澤多計治監修『近藤正斎・山田三川雲霧集』安中文化会, 1979年
羽太正養「休明光記」・「休明光記附録」『新撰北海道史5』北海道庁, 1937年
「蝦夷地一件」『新北海道史7』北海道, 1967年
松浦東渓著, 森永種夫編『長崎古今集覧　上(長崎文献叢書)』長崎文献社, 1976年
森永種夫編『犯科帳―長崎奉行所判決記録5』犯科帳刊行会, 1959年
吉澤義一編「長嶋尉信筆写本　木村謙次『蝦夷日記』抄1～3」『茨城県立歴史館報』20・22・23号, 1993・95・96年
近藤富蔵著, 八丈実記刊行会編『八丈実記1～7』緑地社, 1964～72年
『那覇地方検察庁沿革誌』同誌編集委員会, 1993年
羽倉簡堂著, 金山正好編訳『南汎録―伊豆諸島巡見日誌』緑地社, 1984年
村上直・荒川秀俊編『江戸幕府代官史料―県令集覧』吉川弘文館, 1975年
目黒区守屋教育会館郷土資料室編『新富士遺跡と富士講』同室, 1992年

写真所蔵・提供者一覧(敬称略, 五十音順)

茨城県立歴史館(寄託)　p. 79
円光寺・小倉真紀子　p. 80右
大阪城天守閣　p. 66
大阪歴史博物館　p. 65
開善院　p. 1, 3
九州大学附属図書館　p. 30
公益財団法人徳川記念財団　p. 47
国立国会図書館　p. 50, 57, 75左
近藤重蔵翁顕彰会　p. 70
西善寺　p. 7, 80左
正受院　カバー裏, p. 68, 69
勝林寺　p. 22
田原市博物館　p. 31
鎮國守國神社　p. 14
東京国立博物館・Image : TNM Image Archives　p. 10, 17, 89, 91
東京大学史料編纂所　カバー表, 扉上, p. 34
東京都公文書館　p. 9, 83
独立行政法人国立公文書館　p. 56, 58左
長崎歴史文化博物館　p. 29
八丈町教育委員会　扉下
北海道大学附属図書館　p. 43
目黒区教育委員会　p. 75右
ユニフォトプレス　p. 25右・左
著者撮影　カバー裏, p. 1, 2, 3, 7, 13, 68, 69, 73, 80左, 82, 84, 87, 93, 94

参考文献

市島謙吉「近藤重蔵の半面(生)　乾・坤」『図書館雑誌』3～4号, 1908年
梅澤秀夫「近藤重蔵論ノート(一)」『清泉女子大学人文科学研究所紀要』27号, 2006年
岡宏三「長崎出役前後における近藤重蔵—人的関係を中心に」『青山学院大学文学部紀要』34号, 1992年
岡村敬二『江戸の蔵書家たち(講談社選書メチエ)』講談社, 1996年
金井圓『日蘭交渉史の研究(思文閣史学叢書)』思文閣出版, 1986年
川上淳『近世後期の奥蝦夷地史と日露関係』北海道出版企画センター, 2011年
川崎房五郎『江戸時代の八丈島(都史紀要12)』東京都, 1964年
川瀬一馬『日本書誌学之研究』大日本雄弁会講談社, 1943年
菊池勇夫『エトロフ島—つくられた国境(歴史文化ライブラリー)』吉川弘文館, 1999年
木崎弘美「『伊祇利須紀略』と近藤重蔵」『日蘭交流史—その人・物・情報』思文閣出版, 2002年
木村直樹『幕藩制国家と東アジア世界』吉川弘文館, 2009年
沓掛良彦『大田南畝(ミネルヴァ日本評伝選)』ミネルヴァ書房, 2007年
小宮木代良『江戸幕府の日記と儀礼史料』吉川弘文館, 2006年
高柳金芳『江戸時代御家人の生活』雄山閣出版, 1966年
鶴田啓「近藤重蔵における「異国」と「異国境取締」」『東京大学史料編纂所報』24号, 1989年
長田権二郎『近藤重蔵(偉人史叢)』裳華房, 1896年
中村質「長崎奉行所関係文書について」『長崎奉行所関係文書調査報告書(長崎県文化財報告書131)』長崎県教育委員会, 1997年
西沢淳男『代官の日常生活—江戸の中間管理職(講談社選書メチエ)』講談社, 2004年
橋本昭彦『江戸幕府試験制度史の研究』風間書房, 1993年
八丈町教育委員会編『八丈島誌(改訂増補版)』八丈町役場, 1993年
八丈町教育委員会編『島を愛した男　近藤富蔵—ある流人の生涯』同委員会, 2003年
福井保『内閣文庫書誌の研究(日本書誌学体系12)』青裳堂書店, 1980年
藤田覚『近世後期政治史と対外関係』東京大学出版会, 2005年
水上雅晴「近藤重蔵と清朝乾嘉期の校讐学」『北海道大学文学研究科紀要』117号, 2005年
村田静子「近藤重蔵の自負と憤懣」『日本歴史』527号, 1992年
森潤三郎『紅葉山文庫と書物奉行』昭和書房, 1933年
藪田貫『武士の町大坂—「天下の台所」の侍たち(中公新書)』中央公論新社, 2010年
山口静子「近藤重蔵の史料—史料編纂所所蔵「近藤重蔵遺書」に見る」『東京大学史料編纂所報』18号, 1983年
横山伊徳『開国前夜の世界(日本近世の歴史5)』吉川弘文館, 2013年

史料

市島謙吉編『近藤正斎全集　1～3』国書刊行会, 1905～06年
小原巴山著, 森永種夫編『続長崎実録大成(長崎文献叢書)』長崎文献社, 1974年

			屋敷を買得し富士塚(目黒新富士)を築く
1819	文政2	49	*2-3* 大坂御弓奉行に異動。*3-15* 御暇金・時服頂戴。*10-19*『外蕃通書』『外蕃書翰』を著わし献上。*10-20* 大坂赴任の老中奉書受領。*10-21* 江戸出立。*11-8* 大坂着
1821	4	51	*4-15* 大坂御弓奉行罷免，永々小普請入差控を命ぜられる
1822	5	52	*4-13* 松前蝦夷地一円，松前家に還付。*12-* 滝野川の別邸においた自身の石像への非難に対する抗弁書を記す
1824	7	54	*11-* 三田村百姓半之助が目黒新富士との地境論を起こす
1826	9	56	春，惣領富蔵帰参。*5-19* 小普請頭へ富蔵刃傷次第書提出。*6-3* 評定所召喚，揚座敷拘置。*10-6* 分部左京亮御預
1827	10	57	*2-5* 大溝藩江戸上屋敷を護送出立。*2-19* 大溝着，幽閉
1829	12	59	*6-9* 大溝の幽閉先で死去。*7-16* 幕府検視。
1837	天保8		*4-2* 徳川家斉，将軍辞職
1860	万延元		*3-18* 徳川家斉13回忌法要にあたり恩赦，名誉回復
1911	明治44		*8-31* 政府により正五位を追贈される

近藤富蔵とその時代

西暦	年号	齢	おもな事項
1805	文化2	1	*5-3* 小普請方近藤重蔵守重の長男として江戸に出生
1819	文政2	15	*3-15* 将軍家斉に御目見。*11-8* 父に従い大坂着
1820	3	16	*6-1* 家を出奔するも，大坂天満本教寺にあずけられる
1821	4	17	*4-* 父とともに江戸へ召喚，近藤家は永々小普請入となる
1822	5	18	*5-* 家を出奔し，越後高田の性宗寺にはいる
1826	9	22	春，江戸帰府，父と和解。*5-18* 三田村の抱屋敷で刃傷沙汰。*5-21* 評定所に召喚。*6-3* 揚座敷に拘置。*10-6* 遠島
1827	10	23	*4-25* 遠島先が八丈島とされる。秋，八丈島三根村着
1828	11	24	八丈島大賀郷百姓の娘・逸を水汲女(妻)とする
1839	天保10	35	*5-29* 徳川家治50回忌法要にあたり近藤家の改易恩赦(富蔵の罪は赦されず)。*12-22* 弟・守信，代官手代となる
1846	弘化3	42	このころ『八丈実記』編纂を始める
1868	明治元	64	明治維新に際し八丈流人361人大赦(富蔵は赦免されず)
1869	2	65	鹿島則文の序文をえて『八丈実記』が完成(増補は継続)
1872	5	68	*2-1* 流人ながら羽織・袴の着用を許される
1876	9	72	*11-15* 静岡県属官の求めにより『八丈実記』を貸与
1877	10	73	*3-10* 八丈島を訪れたアーネスト＝サトウと面会
1878	11	74	東京警視本署の命により『八丈実記』を上納。守信と文通
1880	13	76	*2-27* 赦免。*10-20* 八丈出帆，東京・大溝・大阪にいたる
1881	14	77	*2-9* 甥・昂蔵宅を出立，紀州を巡礼し東京にいたる。*12-19* 東京府京橋区から娘・ミサヲ方への入籍が許可される
1882	15	78	*7-26* 東京出立。*8-* 八丈島着。尾端観音堂堂守となる
1887	20	83	*5-* 東京府属官の求めにより『八丈実記』貸与。*6-1* 死去
1923	大正12		*7-22* 三根村に顕彰碑「近藤富蔵之碑」が建立される

近藤重蔵とその時代

西暦	年号	齢	おもな事項
1771	明和8	1	御先手鉄炮組与力近藤右膳守知の三男として江戸に出生
1783	天明3	13	このころ，師・山本北山の代講で諸侯に出入りするという
1787	7	17	白山義学を設立。*4-15* 徳川家斉将軍宣下。*6-19* 松平定信老中首座就任。*11-* 兄・藤次にかわり近藤家惣領となる
1789	寛政元	19	幕府法令の編纂を始める(のちの『憲教類典』)
1790	2	20	*7-20* 家督を相続し，御先手鉄炮組与力となる
1791	3	21	*4-* 盗賊沙汰につき江戸市中見回り増役，褒賞をえる
1794	6	24	*2-* 学問吟味を受ける。*4-* 丙科及第し，褒賞をえる
1795	7	25	*6-5* 長崎奉行手附出役を命ぜられる。*9-10* 長崎着任
1796	8	26	*9-15*『甲寅漂民始末』を著わす。外交文書編纂にあたる
1797	9	27	*5-* 江戸帰府。*10-* 林述斎を通じ公儀へ蝦夷地上知策を建白。*12-21* 支配勘定となり関東郡代附出役を命ぜられる。*12-25* 中川忠英を通じ公儀へ異国境取締策を建白
1798	10	28	*3-*『憲教類典』を完成させ献上。*3-29* 松前蝦夷地御用を命ぜられる。*4-15* 江戸出立。*7-27* エトロフ島リコップにいたり「大日本恵登呂府」の標柱を設置
1799	11	29	*2-26* 江戸帰府。*3-10* 蝦夷地取締御用を命ぜられ，エトロフ島掛となる。*3-15* 御勘定(旗本役)に昇進。*3-20* 江戸出立。クナシリにいたりシャマニで越年
1800	12	30	閏*4-23* エトロフ着任。*12-12* 江戸帰府
1801	享和元	31	*2-20* 江戸出立。*5-* エトロフ着任。*11-27* 江戸帰府。*12-12* 関東郡代附出役御免，蝦夷地取締御用専任となる
1802	2	32	*2-10* 将軍下知により蝦夷地開発策が抑制される。*4-5* 江戸出立，エトロフ着任。*12-15* 江戸帰府
1803	3	33	*1-25* 小普請方に異動。*12-22* 永々御目見以上を命ぜられ，近藤家は世襲の旗本となる
1804	文化元	34	*10-* 老中へ西蝦夷地・カラフト上知策を建白。*12-*『辺要分界図考』を著わし献上
1805	2	35	*5-3* 長男富蔵出生
1807	4	37	*3-22* 松前蝦夷地一円上知決定。*4-24* 文化露寇の第一報が江戸にいたる。*6-6* 蝦夷地御用を命ぜられる。*6-15* 江戸出立。*9-19* ソウヤ着。*12-8* 江戸帰府。*12-15* 将軍家斉に復命。*12-28* 松前奉行手附出役を命ぜられる
1808	5	38	*2-30* 御書物奉行に異動
1812	9	42	*1-22* 父・守知死去。*12-21*『金銀図録』を著わし献上
1814	11	44	*9-13* 紅葉山御文庫御書籍目録校正御用を命ぜられる
1816	13	46	*9-15* 母・美濃死去。*11-6* 伏見古活字本を献上
1817	14	47	*11-10*『右文故事』所収の6編を著わし献上
1818	文政元	48	*8-2* 水野忠成老中首座就任。*10-5*『憲教類典』の増補校訂を『徳川実紀』編纂の一環として開始。この年，三田村に抱

谷本晃久(たにもと あきひさ)
1970年生まれ
学習院大学大学院人文科学研究科博士後期課程中退
専攻，日本近世史
現在，北海道大学大学院文学研究院教授
主要著書・論文
「宗教からみる近世蝦夷地在地社会」(『歴史評論』629号2002)
「アイヌの「自分稼」」
(『日本の時代史19　蝦夷島と北方世界』吉川弘文館2003)
「近世蝦夷地在地社会と幕府の対外政策」(『歴史学研究』833号2007)
『新旭川市史』第2巻通史2～第4巻通史4(共編著，旭川市2002～09)
「近世の蝦夷」(『岩波講座日本歴史　第13巻近世4』岩波書店2015)

日本史リブレット人 058
近藤《こんどう》重蔵《じゅうぞう》と近藤富蔵《こんどうとみぞう》
寛政改革の光と影

2014年4月25日　1版1刷　発行
2019年9月15日　1版2刷　発行

著者：谷本晃久《たにもとあきひさ》

発行者：野澤伸平

発行所：株式会社 山川出版社

〒101－0047　東京都千代田区内神田1－13－13
電話 03(3293)8131(営業)
03(3293)8135(編集)
https://www.yamakawa.co.jp/
振替 00120-9-43993

印刷所：明和印刷株式会社

製本所：株式会社 ブロケード

装幀：菊地信義

Printed in Japan ISBN 978-4-634-54858-9

日本史リブレット 人

1 卑弥呼と台与——仁藤敦史
2 倭の五王——森　公章
3 蘇我大臣家——佐藤長門
4 聖徳太子——大平　聡
5 天智天皇——須原祥二
6 天武天皇と持統天皇——義江明子
7 聖武天皇——寺崎保広
8 行基——鈴木景二
9 藤原不比等——坂上康俊
10 大伴家持——鐘江宏之
11 桓武天皇——西本昌弘
12 空海——曾根正人
13 円珍と円仁——平野卓治
14 菅原道真——大隅清陽
15 藤原良房——今　正秀
16 宇多天皇と醍醐天皇——川尻秋生
17 平将門と藤原純友——下向井龍彦
18 源信と空也——新川登亀男
19 藤原道長——大津　透
20 清少納言と紫式部——丸山裕美子
21 後三条天皇——美川　圭
22 源義家——野口　実
23 奥州藤原三代——斉藤利男
24 後白河上皇——遠藤基郎
25 平清盛——上杉和彦
26 源頼朝——高橋典幸
27 重源と栄西——久野修義
28 法然——平　雅行
29 北条時政と北条政子——関　幸彦
30 藤原定家——五味文彦
31 後鳥羽上皇——杉橋隆夫
32 北条泰時——三田武繁
33 日蓮と一遍——佐々木馨
34 北条時宗と安達泰盛——福島金治
35 北条高時と金沢貞顕——永井　晋
36 足利尊氏と足利直義——山家浩樹
37 後醍醐天皇——本郷和人
38 北畠親房と今川了俊——近藤成一
39 足利義満——伊藤喜良
40 足利義政と日野富子——田端泰子
41 蓮如——神田千里
42 北条早雲——池上裕子
43 武田信玄と毛利元就——鴨川達夫
44 フランシスコ＝ザビエル——浅見雅一
45 織田信長——藤田達生
46 徳川家康——藤井讓治
47 後水尾天皇と東福門院——山口和夫
48 徳川光圀——鈴木暎一
49 徳川綱吉——福田千鶴
50 渋川春海——林　淳
51 徳川吉宗——大石　学
52 田沼意次——深谷克己
53 遠山景元——藤田　覚
54 酒井抱一——玉蟲敏子
55 葛飾北斎——小林　忠
56 塙保己一——高埜利彦
57 伊能忠敬——星埜由尚
58 近藤重蔵と近藤富蔵——谷本晃久
59 二宮尊徳——舟橋明宏
60 平田篤胤と佐藤信淵——小野　将
61 大原幽学と飯岡助五郎——高橋　敏
62 ケンペルとシーボルト——松井洋子
63 小林一茶——青木美智男
64 鶴屋南北——諏訪春雄
65 中山みき——小澤　浩
66 勝小吉と勝海舟——大口勇次郎
67 坂本龍馬——井上　勲
68 土方歳三と榎本武揚——宮地正人
69 徳川慶喜——松尾正人
70 木戸孝允——一坂太郎
71 西郷隆盛——徳永和喜
72 大久保利通——佐々木克
73 明治天皇と昭憲皇太后——佐々木隆
74 岩倉具視——坂本一登
75 後藤象二郎——鳥海　靖
76 福澤諭吉と大隈重信——池田勇太
77 伊藤博文と山県有朋——西川　誠
78 井上馨——神山恒雄
79 河野広中と田中正造——田崎公司
80 尚泰——川畑　恵
81 森有礼と内村鑑三——狐塚裕子
82 重野安繹と久米邦武——松沢裕作
83 徳富蘇峰——中野目徹
84 岡倉天心と大川周明——塩出浩之
85 渋沢栄一——井上　潤
86 三野村利左衛門と益田孝——森田貴子
87 ボアソナード——池田眞朗
88 島地黙雷——山口輝臣
89 児玉源太郎——大澤博明
90 西園寺公望——永井　和
91 桂太郎と森鷗外——荒木康彦
92 高峰譲吉と豊田佐吉——鈴木　淳
93 平塚らいてう——差波亜紀子
94 原敬——季武嘉也
95 美濃部達吉と吉野作造——古川江里子
96 斎藤実——小林和幸
97 田中義一——加藤陽子
98 松岡洋右——田浦雅徳
99 溥儀——塚瀬　進
100 東条英機——古川隆久

〈白ヌキ数字は既刊〉